Detlef Junker

Power and Mission

Detlef Junker

Power and Mission

Was Amerika antreibt

Gedruckt auf umweltfreundlichem,
chlorfrei gebleichtem Papier

3. Auflage

Alle Rechte vorbehalten – Printed in Germany
© Verlag Herder Freiburg im Breisgau 2003
www.herder.de
Herstellung: fgb · freiburger graphische betriebe 2004
www.fgb.de
ISBN 3-451-28251-8

Inhalt

Einleitung

Um dem Geheimnis der Kraft und des Selbstbewusstseins des amerikanischen Volkes auf die Spur zu kommen, hatte ich mir an einem 4. Juli in der Hauptstadt Washington D. C. auf den Stufen des Kapitols einen Stehplatz gesichert. Ich wollte miterleben, wie einige Hunderttausend Amerikaner europäischer, afrikanischer, asiatischer und lateinamerikanischer Herkunft ihren nationalen Gedenktag feiern. Ich ließ mich beeindrucken von einer eigentümlichen Mischung aus Vaterlandsliebe, Hollywood, Coca Cola und Popcorn; aus Lobpreis der großen Vergangenheit Amerikas und der hoffnungsfrohen Gewissheit, dass die einzig verbliebene Supermacht der Welt auch im nächsten Millennium eine besondere Mission zu erfüllen habe. Ich wollte erfahren, wie diese Hunderttausende, umgeben von patriotischen Denkmälern wie dem *Washington Monument*, dem *Jefferson-, Lincoln-* und *Roosevelt-Memorial*, in Liedern und Hymnen die amerikanische Dreieinigkeit von Gott, Vaterland und Freiheit besingen; wie diese Nation von Einwanderern, die alle irgendwann von irgendwoher in die Neue Welt emigriert waren, sich an solchen Festtagen immer aufs Neue konstituiert, indem sie ihrem Gründungsmythos vom „süßen Land der Freiheit" („sweet land of liberty") Dauer und Zukunft verleiht.

Das Verhältnis von Erinnerungskultur und nationaler Identität der USA zog mich nicht nur in Washington in seinen Bann. Es war neben der Natur das überragende Leitmotiv der Reisen, die meine Frau und ich durch die USA unternahmen: von Washington und den Schlachtfeldern von Virginia bis zu den Black Hills, von Hawaii bis San Antonio, von New Orleans bis Key West, von Plymouth Rock bis Seattle. Im September 2000 besuchte ich mit einer Gruppe Heidelberger Studierenden die historischen Stätten der Amerikanischen Revolution von Boston über Philadelphia und New York zu den geschichtsträchtigen Orten am Colonial Parkway, Williamsburg, Jamestown und Yorktown. Zu den besonderen Höhepunkten zählte ein Mittagessen im obersten Stock des World Trade Centers, dessen Zerstörung durch Terroristen am 11. September 2001 die Weltgeschichte veränderte. Anfang Oktober 2002 kehrte ich, ebenfalls mit Heidelberger Studierenden, von einer Exkursion in den amerikanischen Süden zurück, von einer 2300 Meilen-Reise, die uns unter anderem nach Atlanta, Nashville, Memphis, Vicksburg, Natchez, Jackson (Miss.), Montgomery (Al.), Savannah, Charleston, Columbia (South Carolina) und Athens führte.

Diese Konfrontation mit der amerikanischen Erinnerungskultur und Erinnerungspolitik (politics of memory) faszinierte und erschreckte die Studenten zugleich. Sie sind in überragendem Maße von einer patriotisch-heroischen Interpretation der eigenen Geschichte geprägt. Dieser Befund entspricht den Ergebnissen einer großangelegten, vergleichenden Studie zum Nationalstolz von 23 ausgewählten Nationen durch das „National Opinion Research Center" an der Universität von Chicago aus dem Jahre 1998[1]. Grundlage dieser 1995 durchgeführten Untersuchung waren 28000 Interviews. Das Ergebnis: Die Amerikaner sind, auch was ihren Nationalstolz angeht, die Nummer Eins in der Welt. Amerikaner sind stolzer auf ihr Land als irgendein anderes Volk.

Trotz eingestandener Kritik an einzelnen Aspekten der eigenen Geschichte feiert die Mehrheit der Amerikaner mit robustem Selbstbewusstsein immer aufs Neue ihre große Vergangenheit als Ausdruck ihrer Auserwähltheit und Einzigartigkeit und als Auftrag an die Zukunft, die amerikanische Sendungsidee der Freiheit zu erfüllen. Die amerikanische Geschichte wird zugleich als Entfaltungsprozess der Freiheit begriffen und siegesamerikanisch angestrichen, um ein Wort Jakob Burckhardts über die siegesdeutsche Kultur nach der Gründung des Deutschen Reiches im Jahre 1871 abzuwandeln.

8

Die Debatte über Amerikas Auserwähltheit, seine besondere Mission der Freiheit, sein Verhältnis zu Gott, Vorsehung und Geschichte wird – in stets wechselnden politischen, sozialen und kulturellen Konstellationen – seit den ersten Siedlern geführt, d. h. seit 400 Jahren. Der andauernde Diskurs, wie man heute sagen würde, über die besondere Mission der USA gehört selbst zum Kern der amerikanischen Identität. Deshalb hat man gesagt, wenn man lange genug an einem Amerikaner kratze, komme der Erlöser *(redeemer)* zum Vorschein. Die patriotische Reaktion der Amerikaner auf den Terrorangriff vom 11. September, auch die damit einhergehenden Gefährdungen für die Innen- und Außenpolitik des Landes, sind daher nichts Außergewöhnliches. Denn in allen großen innen- und außenpolitischen Krisen und Kriegen seit dem Unabhängigkeitskrieg gegen England von 1776–1783 stieg das „patriotische Fieber" an, erhöhten sich der Konformitätsdruck, die Versuchung zur Hexenjagd und zur Gefährdung der bürgerlichen Grundfreiheiten. Dieses periodisch auftretende „patriotische Fieber" hat allerdings in der bisherigen Geschichte die amerikanische Demokratie nie ernsthaft gefährden können, es stieg gleichsam nie über 40 Grad Celsius – 104 Grad Fahrenheit – an. Denn langfristig hat sich bisher immer die andere, die liberale, die antistaatliche Tradition Amerikas durchgesetzt. Das war beispielsweise nach der Hexenjagd der „Patrioten" gegen die englandfreundlichen „Loyalisten" im Unabhängigkeitskrieg der Fall, oder nach der Hexenjagd und dem Kulturkampf gegen die Deutsch-Amerikaner im Ersten Weltkrieg, als Sauerkraut in „liberty cabbage" und „Frankfurter" in „Hot Dogs" umbenannt wurden; auch nach der Hexenjagd gegen alles, was in der Zeit des Senators McCarthy Anfang der 50er Jahre des 20. Jahrhunderts für kommunistisch gehalten wurde. Es bleibt zu hoffen, dass nach dem Ende der gegenwärtigen patriotischen Hysterie Amerikas ältester Verbündeter, nämlich Frankreich, wieder in Ehren angenommen und „liberty fries" wieder als „French fries" verkauft werden dürfen.

Weil der amerikanische Patriotismus mit der zivilreligiösen

Sendungsidee der Freiheit tief verbunden ist, ja daraus seine Kraft gewinnt, ist der Aufstieg der USA zur einzig verbliebenen Supermacht der Gegenwart – das ist das Thema dieses Buches – untrennbar mit der Idee der amerikanischen Mission der Freiheit verbunden. Gewiss ist Präsident George W. Bush Teil einer neuen Erweckungsbewegung, die, besonders vom amerikanischen Süden ausgehend, nicht nur das Weiße Haus, sondern auch den Kongress erreicht hat. Mit seiner Sendungsidee der Freiheit, mit seinem tiefsitzenden Manichäismus, d. h. der Scheidung der Welt in Gut und Böse, steht der gegenwärtige Präsident jedoch in einer amerikanischen Tradition, die bis in das 18. Jahrhundert zurückreicht.

Die machtpolitische Sonderstellung der einzig verbliebenen Supermacht ist dagegen das Ergebnis der Weltgeschichte im 20. Jahrhundert. Daran sei mit einigen zusammenfassenden Überlegungen erinnert:

Die rivalisierenden europäischen Großmächte haben seit dem Zeitalter der Entdeckungen ihren Einfluss auf die ganze Welt ausgeweitet, Hegemonie und Herrschaft ausgeübt. Dieses *europazentrische* Weltsystem löste sich seit Anfang des 20. Jahrhunderts schrittweise auf, wesentlich deshalb, weil die Neue Welt an die Stelle der Alten Welt trat. Durch die Vertreibung der letzten europäischen Kolonialmacht aus der westlichen Hemisphäre im Spanisch-Amerikanischen Krieg von 1898, durch die Siege im Ersten Weltkrieg, im Zweiten Weltkrieg und im Kalten Weltkrieg hat sich das liberale, kapitalistische und marktwirtschaftliche Gesellschaftsmodell der USA durchgesetzt, zumindest in der industrialisierten und technisierten Welt. Man hat deshalb zu Recht das 20. Jahrhundert auch das „Amerikanische Jahrhundert" genannt. Vieles spricht dafür, dass auch das 21. Jahrhundert, besonders in seinen ersten Jahrzehnten, ein amerikanisches sein wird.

Der ungeheuren Dynamik dieses Modells waren weder die alten europäischen Nationalstaaten noch die totalitären Ideologien des Nationalsozialismus, Faschismus und Kommunismus, noch die dekolonisierten Völker der Dritten Welt gewachsen.

Der teils offene, teils versteckte Weltbürgerkrieg des 20. Jahrhunderts, der im Jahre 1917 begann, als die beiden großen Revolutionäre, der Kommunist Lenin und der amerikanische Präsident Woodrow Wilson, antagonistische Modelle für die ganze Welt verkündeten, ist 1989/90 durch den materiellen und geistigen Zusammenbruch des Kommunismus beendet worden.

Natürlich weiß ein aufgeklärter Historiker am Beginn des 21. Jahrhunderts, dass es erkenntnistheoretisch nicht möglich ist, die Totalität eines Jahrhunderts am Leitfaden eines einzigen Wirkungszusammenhanges zu interpretieren – auf Erfahrung gegründete historische Erkenntnis ist immer partiell und perspektivisch. Dennoch kann die Hypothese vom „Amerikanischen Jahrhundert" für Interpret und Leser erkenntnisfördernde Kraft entfalten. Sie gestattet nicht nur, das 20. Jahrhundert am Leitfaden seiner vermutlich stärksten Macht zu interpretieren, sondern auch, die Geschichte aller Weltmeere und aller Kontinente besser zu verstehen.

Denn das ist das zentrale systematische Thema, das Leitmotiv dieses Buches: die *Globalisierung* des außenpolitischen Aktionsradius der USA, der seinerseits in der Globalisierung der amerikanischen Interessen und der amerikanischen Mission begründet liegt. Diese Globalisierung ist die wichtigste Ursache für den qualitativen Sprung der USA von einer Weltmacht unter anderen Weltmächten (England, Frankreich, Russland, Japan, Deutschland) an der Wende zum 20. Jahrhundert, als die USA ihre vitalen, das heißt notfalls mit Waffengewalt zu verteidigenden Interessen noch auf die westliche Hemisphäre und den östlichen Pazifik begrenzten, zur Supermacht des Kalten Krieges und schließlich zur imperialen Hypermacht der Gegenwart, für die die Zukunft der gesamten Welt, besonders aber des eurasischen Doppelkontinentes, von vitaler Bedeutung ist.

In dieser Selbsteinschätzung der USA als Macht mit globaler Reichweite und globalen Interessen liegt die Begründung dafür, dass beispielsweise der amerikanische Präsident Franklin D. Roosevelt am 21. Januar 1941 an den amerikanischen Botschafter in Japan, Joseph C. Grew, schreiben konnte:

„Ich glaube, die fundamentale Aufgabe ist, zu erkennen, dass die Kämpfe in Europa, in Afrika und in Asien alle Teile eines einzigen Weltkonfliktes sind. Wir müssen deshalb erkennen, dass unsere Interessen in Europa und in Asien bedroht werden. Wir sind der Aufgabe verpflichtet, unsere Lebensweise und unsere vitalen Interessen zu verteidigen, wo immer sie ernsthaft gefährdet sind. Unsere Strategie der Selbstverteidigung, die jede Front berücksichtigt und jede Gelegenheit nutzt, zu unserer totalen Sicherheit beizutragen, muss deshalb global sein."[2]

Auch Außenminister Dean Rusk hatte die globalen Interessen der USA im Blick, als er 1965, auf dem Höhepunkt der damaligen Weltgeltung der USA, ausrufen konnte: „Wir müssen uns um alles kümmern, um alle Länder, Gewässer, die Atmosphäre und den uns umgebenden Weltraum"[3].

Diese Globalisierung wurzelt einerseits in den inneren Bedingungen der USA, in der Kraft und Flexibilität ihrer Institutionen, der wachsenden wirtschaftlichen und militärischen Stärke des Landes, aber auch in der Entgrenzung der amerikanischen Missionsidee, die Präsident Woodrow Wilson in seiner Kriegsbotschaft an den Kongress vom 2. April 1917 als Aufgabe formulierte, die Welt für die Demokratie sicher zu machen (to make the world safe for democracy). Andererseits erwuchs diese Globalisierung aus der zunehmenden Interdependenz der Weltpolitik im 20. und 21. Jahrhundert selbst, als Reaktion auf die Außenpolitik von Feinden und Verbündeten der USA, besonders aus den Bedrohungsvorstellungen, die die Taten und Ideologien anderer Staaten in den Köpfen der Amerikaner und ihrer Politiker hervorriefen. Die Globalisierung ist also ein Produkt aus Interessen, Furcht und Missionsidee.

Im Entschluss zum Krieg gegen den Irak, aus der Sicht der Regierung Bush eine Antwort der USA auf den 11. September, sind deshalb wie in einer Nussschale die beiden zentralen Merkmale amerikanischer Weltpolitik im 20. Jahrhundert, besonders seit 1941, beschlossen: die Fähigkeit und der Wille, weltweit Macht und Einfluss auszuüben, und das Versprechen von Freiheit, *imperium et libertas*, *power and mission*. Das gemeinsame Element, das *tertium comparationis*, dieser beiden Elemente ist ihre Globalität. Wie keine andere Nation der Menschheitsgeschichte verbinden die Amerikaner einen *weltweiten* Machtanspruch, die Fähigkeit zur globalen Machtprojektion, mit dem Anspruch eines auserwählten Volkes, die amerikanische Sendungsidee der Freiheit zu erfüllen. Es ist deshalb auch nicht verwunderlich, dass diese beiden Elemente der US-Weltpolitik, der globale Machtanspruch und die globale Sendungsidee der Freiheit, im Zentrum der weltweiten Kritik an den USA stehen.

Diese Kritik wird noch dadurch verstärkt, dass Präsident Bush offensichtlich gewillt ist, den globalen Machtanspruch der USA mit einer neuen, im Vergleich zur bisherigen Außenpolitik des Landes revolutionären Methode durchzusetzen, nämlich notfalls allein, notfalls gegen das Völkerrecht und notfalls ohne Rücksicht auf internationale Organisationen, multilaterale Verfahren und alte Verbündete. Sollten Bush und die Falken unter seinen Beratern diese neue Strategie längerfristig durchhalten, würde aus der hegemonialen Supermacht des Kalten Krieges die imperiale Hypermacht des 21. Jahrhunderts werden, mit unabsehbaren Konsequenzen für die Welt im allgemeinen, Europa und Deutschland im besonderen.

Die konkrete Außenpolitik der amerikanischen Regierungen ergab sich jeweils aus dem Zusammenwirken dieser innen- und außenpolitischen Faktoren in aufeinanderfolgenden, einmaligen und in die Zukunft hin offenen Entscheidungssituationen. Deshalb soll trotz des systematischen Leitmotivs dieses Buches an der chronologischen Ordnung festgehalten und die – keineswegs kontinuierliche – Entwicklung des amerikanischen Globalismus in seinen wichtigsten Etappen und Entscheidungssituationen seit 1898 bis zur Präsidentschaft von George W. Bush dargestellt werden. Das vorliegende Buch enthält Teile meiner vergriffenen Veröffentlichung „Von der Weltmacht zur Supermacht", die kritisch durchgesehen und aktualisiert wurde. Der Autor ist in seiner Analyse der US-Weltpolitik einem Verständnis der internationalen Beziehungen verpflichtet, nach dem der Regierung und dem Kongress die zentrale Aufmerksamkeit des Historikers zukommt, weil sie für alle Bürger sprechen, das Machtmonopol für sich beanspruchen und über Krieg und Frieden entscheiden. Das alternative, ebenso berechtigte Modell, Außenpolitik in erster Linie als transnationale Beziehungen zu definieren und den grenzüberschreitenden Einfluss zu studieren, den einzelne Gruppen der Gesellschaft (z. B. Kaufleute, Bankiers, Konzerne, Medien, Missionare, Wissenschaftler, Künstler) einseitig oder wechselseitig aufeinander ausüben, tritt demgegenüber in den Hintergrund.[4]

I. Kapitel

Expansion, Mission und Europa

US-Außenpolitik, 1776–1898

Das erste überragende Merkmal amerikanischer Außen- und Innenpolitik seit der Unabhängigkeitserklärung im Jahre 1776 war die Expansion nach Westen: durch Besiedlung und Erschließung, durch Kauf und Abtretung, aber auch durch Rechtsbruch und Infiltration, durch Krieg und Völkermord. Die USA expandierten mit einer Dynamik, Geschwindigkeit und Intensität, die keine Parallele in der Weltgeschichte kennt. Diese Expansion hatte mehrere Antriebskräfte: zunächst und vor allem den Landhunger der Siedler, die Handelsinteressen der Kaufleute und – beginnend in den 40er Jahren des 19. Jahrhunderts – die Suche nach Absatzmärkten und Rohstoffen für die sich entwickelnde Industrie. Schon die Gründung des Staates war ein Zeichen der zukünftigen Entwicklung.

Der Friede von Paris im Jahre 1783 brachte nicht nur die Unabhängigkeit der dreizehn Kolonien, deren Siedlungsgrenze 1763 kraft Verordnung der Briten auf das Gebiet bis zur Wasserscheide der Appalachen begrenzt worden war, er entließ die USA nicht nur aus dem merkantilen Wirtschaftssystem des Britischen Empire, sondern er verdoppelte auch das Staatsgebiet. Die neue Westgrenze wurde der Mississippi. Bereits zwanzig Jahre später, im Jahre 1803, verdoppelte Präsident Thomas Jefferson das Staatsgebiet noch einmal, als er von Napoleon I. ein riesiges Gebiet zwischen dem Mississippi und den Rocky Mountains zu einem Spottpreis erwarb (im *Louisiana Purchase*). 1818 legten Briten und Amerikaner entlang des 49. Breitengrades einen Teil der Nordgrenze gegen Kanada fest, und zwar von den großen Seen bis zu den Rocky Mountains. Das Gebiet weiter westlich und nördlich bis zum 54. Breitengrad, das Oregon-

Territorium, wurde zunächst gemeinsam verwaltet. Spanien musste ein Jahr später im Transkontinentalen Vertrag den 42. Breitengrad als Südgrenze des Oregon-Territoriums anerkennen und zugleich im Süden Florida käuflich abtreten (Teile Floridas hatten die USA schon 1810 und 1813 militärisch besetzt). Siedlungsdruck, Krieg und der expansive Zeitgeist der „Roaring forties" bahnten, wiederum nach zwanzig Jahren, den Weg zum Pazifik. 1846 teilten sich Briten und Amerikaner das Oregon-Gebiet: Die Nordgrenze der USA lief fortan bis zum Pazifik auf dem 49. Breitengrad. Das nächste Opfer amerikanischer Expansion wurde Mexiko, das 1821 von Spanien unabhängig geworden war und unvorsichtigerweise amerikanische Siedler mit billigen Bodenpreisen in seine Provinz Texas gelockt hatte. 1845 wurde Texas, das bereits 1836 seine Unabhängigkeit von Mexiko erkämpft hatte, von den USA annektiert. Da die Texaner in guter amerikanischer Tradition mit der Unabhängigkeitserklärung ihr Staatsgebiet verdreifacht und zum Missfallen der Mexikaner ihre West- und Südgrenze an den Rio Grande vorgeschoben hatten, kam es zum Mexikanisch-Amerikanischen Krieg von 1846–48. Als Ergebnis verlor Mexiko die Hälfte seines Staatsgebietes, die mexikanischen Provinzen Kalifornien und Neu-Mexiko, d. h. die Gebiete der heutigen Staaten Nevada, Utah, Neu-Mexiko, Arizona sowie Teile Colorados und Wyomings. Seit dieser Zeit ist in Mexiko der Seufzer zu hören: „Poor Mexiko! So far from God and so near to the United States." –"Armes Mexiko – so weit von Gott entfernt und so nah an den Vereinigten Staaten."

Damit waren die USA Mitte des 19. Jahrhunderts auch eine pazifische Macht geworden: Die Richtungen weiterer Expansionen – Ostasien und die Karibik – waren vorgezeichnet. 1853 erfolgte die Öffnung Japans durch die Kriegsschiffe des Commodore Perry, 1858 kam es zum ersten Handelsvertrag mit diesem Land, 1854 und 1858 zu Handelsverträgen mit China. Durch den wachsenden Einfluss von Amerikanern auf Hawaii und Samoa, besonders aber durch den Erwerb Alaskas vom Zarenreich im Jahre 1867, verstärkten die USA ihre Präsenz im Pazifik. Auf der anderen Seite scheiterten in den fünfziger Jahren des 19. Jahrhunderts alle Versuche, Gebiete in der Karibik zu annektieren (z. B. Nicaragua, Panama, Kuba) am Widerstand Großbritanniens und an innenpolitischen Ursachen. Die weitere Annexion möglicher sklavenhaltender Staaten im Süden war zu einem explosiven Problem der US-Innenpolitik geworden. Erst der Bürgerkrieg von 1861–65 und seine Folgen – die Rekonstruktion des Südens, die Konzentration auf die Industrialisierung und Besiedlung des Kontinents – verlangsamten die expansiven Energien für zwei Jahrzehnte. Kanada, ein altes Objekt amerikanischer Begierde, konnte seine Stellung durch das britische Nordamerikagesetz von 1867 festigen, das das Land zu einem Dominion im britischen Commonwealth machte.

Ein zweites bedeutendes Merkmal amerikanischer Außen- und Innenpolitik im 18. und 19. Jahrhundert war die Deutung dieser Expansion und Landnahme durch die Amerikaner selbst: ihr Versuch, diesem einmaligen weltgeschichtlichen Vorgang einen religiösen und geschichtsphilosophischen Sinn zu geben und ihre Taten durch die Idee einer besonderen Sendung zu rechtfertigen. „Der Weg nach Westen, das ständige Vorschieben der *frontier* waren daher vor allem prophetisch und nicht nur ökonomisch motiviert".[1] Eine solche Deutung findet sich schon bei den Gründungsvätern wie Benjamin Franklin und den Präsidenten Thomas Jefferson, John Adams, James Madison, James Monroe und John Quincy Adams, die die zukünftige Landnahme des Kontinents als eine Aufgabe der Vorsehung geistig vorwegnahmen. Die Idee einer besonderen Sendung gehört seit der Gründung der Nation zum selbstverständlichen Bestandteil der politischen Kultur der USA.

Individuen und Nationen können die Idee der Gleichheit offensichtlich schwer ertragen, wenn sie eine eigene Identität gewinnen wollen. Sie versuchen, sich eine besondere Bedeutung zuzulegen, die sie vor anderen Individuen und Nationen auszeichnet – unter Berufung auf Vorstellungen von erhabener Allgemeinheit: Gott, die Geschichte, die Vorsehung, der Fortschritt, die Erlösung der Menschheit. Auch die Amerikaner verstehen sich, wie viele Völker vor und neben ihnen, als ein auserwähltes Volk. Die in erster Linie vom Geist der Aufklärung geprägten Gründungsväter der Union integrierten und verwandelten christlich-puritanische Sendungsvorstellungen der neuenglischen Siedler wie „das auserwählte Volk", „das Volk, das mit Gott einen besonderen Bund *(covenant)* geschlossen hat", die Vorstellung von Amerika als „Gottes neuem und letztem Israel" in die Idee einer weltlich-politischen Mission der USA. Denn die Unabhängigkeit des neuen Staates von England wurde von den Siedlern durch eine für die damalige Staatenwelt revolutionäre Theorie mit einem universalen Anspruch begründet, den die junge Republik stellvertretend für die Menschheit in die Tat umsetzte: durch den Anspruch aller Menschen und Völker auf Volkssouveränität, Grundrechte, Eigentum, rechtlich begrenzte und aufgeteilte Staatsgewalt und durch das „Streben nach Glück" *(pursuit of happiness)*. Seitdem prägen Herrschaft und das Versprechen der Freiheit, *imperium et libertas,* das Janusgesicht der amerikanischen Außenpolitik.

Diese Verschmelzung von Christentum und Aufklärung, von Christentum und demokratischer Mission hat die besondere zivile Religion Amerikas hervorgebracht, eine unverwechselbare Mischung von christlichem Republikanismus und demokratischem Glauben: eine Nation mit der Seele einer Kirche. Die amerikanische Nation hat keine Ideologie, sie ist eine.

Diese Sendungsziele haben oszilliert, sich mit den jeweiligen Tendenzen des Zeitgeistes verbunden und sich wieder von ihnen gelöst. Sie haben sich gewandelt, von der puritanischen Sendung, die Reformation zu vollenden, bis zur Mission, der Welt Freiheit und Demokratie zu bringen. Sie haben geschwankt zwischen der passiven Idee, Amerika in ein neues Jerusalem zu verwandeln und durch das eigene Beispiel ein Leuchtturm für die Welt zu sein, und der aktiven Missionspflicht, zurückgebliebene, weniger demokratische, weniger zivilisierte Völker auf amerikanisches Niveau zu heben, eine neue Weltordnung zu schaffen, die Welt zu erlösen, das tausendjährige Reich (vor der Wiederkunft Christi) zu errichten.

Die potentiell von Beginn an universale Sendungsidee war zunächst auf den nordamerikanischen Kontinent, dann auf die gesamte westliche Hemisphäre begrenzt. Sie nahm in der tatsächlichen Außenpolitik erst im 20. Jahrhundert – parallel zum Aufstieg der USA zur Supermacht – eine globale Dimension an. Die Ideologie folgte den realen Verhältnissen, war aber zugleich Ursache und Triebfeder außenpolitischen Handelns.

Die Expansion über den Kontinent wurde als *manifest destiny* gedeutet, als offenbare Bestimmung, als Naturgesetz, als heilsgeschichtlicher Auftrag, amerikanische Normen und Institutionen zu verbreiten. Besonders die territorialen Gewinne in den vierziger Jahren des 19. Jahrhunderts und die expansive Phase der US-Außenpolitik im Zeitalter des Imperialismus wurden von dieser Ideologie der *manifest destiny* begleitet. Sie erwies sich als „populärste Kurzformel für alle ideologischen Rechtfertigungen der kontinentalen Expansion".[2] Jedes Sendungsbewusstsein braucht zu seiner Realisierung den Feind. Es braucht die konkrete Negation, das Antiprinzip, das Reich des Bösen, das notfalls im Krieg bekämpft werden muss, um Fortschritt zu ermöglichen und die Sendung zu erfüllen – zur höheren Ehre Gottes, des wahren Glaubens, der eigenen Nation, der klassenlosen Gesellschaft, der Rassenreinheit, des demokratischen Fortschritts. Der Feind kann der fremde Barbar, der Antichrist (oder der Christ), der Wilde, der Heide, der Kapitalist, der Kommunist, der Faschist oder der Jude sein. Auch die amerikanische Zivilreligion hat die notwendigen Feindbilder entwickelt, die eine Nation mit der Seele einer Kirche zum Überleben braucht. Nach dem Muster des spätantiken Religionsstifters Mani haben die Amerikaner besonders ihre Kriege als radikale Gegenüberstellung eines guten und eines bösen Weltprinzips gedeutet. Jeder Feind saß damit automatisch in der manichäischen Falle.[3]

Der erste Feind in der Falle waren die Indianer, mit denen der Kampf um Lebensraum am härtesten geführt wurde, besonders nach der größten Katastrophe Neuenglands in den Jahren 1675/76. Damals brachten die Indianer unter ihrem Häuptling Metacon die neuenglischen Siedler an den Rand des Ruins in einem Kampf, der im Verhältnis zur Bevölkerungszahl der blutigste Krieg der amerikanischen Geschichte war. Seit dieser Zeit galten die Indianer als nicht zivilisierbare Wilde und Teufel, die Wildnis als Hölle. Die Indianer hatten das Recht verwirkt, sich der Eroberung des Westens und der USA entgegenzustellen, die im 19. Jahrhundert durch massiven Einsatz von Militär und Kapital vorangetrieben wurde. Das manichäische Muster der Ideologie und Mythologie der Indianerkriege hat bis zum Präsidenten George W. Bush außenpolitische Handlungsweisen der Amerikaner geprägt.[4] Auch nach der Verweltlichung der US-Sendungsidee wurde diese dualistische Weltinterpretation durchgehalten. Alle Feinde der USA gerieten in die manichäische Falle: nach den Indianern die Franzosen und die Engländer – im ersten politischen Bestseller der USA, in Thomas Paines „Common Sense" und in der von Thomas Jefferson verfassten Unabhängigkeitserklärung verkörperte der englische König George III. das böse Prinzip –, dann die Spanier und die Mexikaner, im 20. Jahrhundert vornehmlich die Deutschen, Japaner, Russen, Chinesen, Nordvietnamesen und Iraker.

Das dritte bedeutende Strukturelement amerikanischer Außenpolitik im 18. und 19. Jahrhundert war das zugleich grundlegende und doppelwertige Verhältnis der Vereinigten Staaten zu Europa, der Neuen zur Alten Welt. Einerseits waren die USA eine Schöpfung Europas, seiner Menschen, Ideen, Institutionen und seines Kapitals; andererseits gelang es den Amerikanern, selbständig zu werden, eine eigene Identität gerade in Abgrenzung zu Europa zu entwickeln und die alten Kolonialmächte Frankreich, England und Spanien vom nordamerikanischen Kontinent zu vertreiben, weil die USA am Rande des europazentrischen Weltsystems lagen und die europäischen Nationen die Kriege und Konflikte untereinander in der Regel für wichtiger hielten als die Eindämmung der aufsteigenden Großmacht in der westlichen Hemisphäre.

Nach Schätzungen lebten 1770 im angloamerikanischen Nordamerika ungefähr 1 660 000 Weiße europäischer Herkunft und 450 000 Schwarze aus Afrika, die Sklaven der Gesellschaft.[5]

Die erste Volkszählung der USA im Jahre 1790 ergab 4 Mill. Einwohner, heute haben die USA mehr als 250 Mill. Einwohner. Zwischen 1776 und 1987 nahm das Land ungefähr 54 Mill. Einwanderer auf, davon kamen mehr als zwei Drittel aus Europa.[6] Von den 37,8 Mill. Menschen, die von 1820 bis 1930 in die USA einwanderten, waren schätzungsweise 85,4 % (32,3 Mill.) europäischer Herkunft.[7] In den hundert Jahren vor 1820 bis 1920 bildeten die Deutschen mit 5,5 Mill. die stärkste Einwanderergruppe.[8]

Die Anlage europäischen Kapitals im großen Stil begann in den 1860er Jahren, als für die Erschließung des Kontinents durch die Eisenbahn Summen benötigt wurden, die in den USA selbst nicht aufgebracht werden konnten. Die gesamten lang- und kurzfristigen Guthaben von Ausländern stiegen von 380 Mill. Dollar im Jahre 1853 auf 1,54 Mrd. im Jahre 1869, auf 3,4 Mrd. im Jahre 1899 und auf 7,2 Mrd. am 1. Juli 1914. Anlagen im Eisenbahnbau blieben am attraktivsten: Von den 7,2 Mrd. Dollar waren es fast 4,2 Mrd. Daneben trug europäisches Kapital nicht unerheblich zur Bildung und zum Wachstum der Konzerne bei, die zunehmend das Gesicht der amerikanischen Wirtschaft prägten, wie zum Beispiel: Western Union Telegraph Company, American Telephone and Telegraph Company, U. S. Steel Corporation, Eastman Kodak, United Fruit Company, General Electric. Großbritannien blieb mit über 4,2 Mrd. Dollar der größte Anleger, gefolgt von Deutschland (950 Mill.), den Niederlanden (635 Mill.) und Frankreich (410 Mill.).[9]

Auch die politische Kultur der Nordamerikaner, ihr Selbstverständnis, ihre Institutionen, besonders ihr Recht und ihre Verfassungen, die technisch-industrielle Revolution und kapitalistische Wirtschaftsform des Landes sind zutiefst von Europa geprägt worden, ganz besonders durch Großbritannien. Diese Aussage gilt unbeschadet des Homerischen Streites darüber, wie und bis zu welchem Grade dieses europäische Erbe durch die amerikanische Natur und die eigene geschichtliche Erfahrung eingeschmolzen und ein „neuer Mensch", eine „neue Gesellschaft", eine „neue Welt" geschaffen wurden. Wenn es auch falsch wäre, Amerika für ein Anhängsel, eine Provinz Europas zu halten, so wird andererseits aus einer Außenperspektive, etwa aus einem asiatischen, nahöstlichen oder afrikanischen Blickwinkel, sofort deutlich, wie sehr die USA Teil des europäisch-nordamerikanischen Westens sind. Antikes Vorbild und christliche Religion, protestantisches Arbeitsethos, Aufklärung und Rationalisierung, die Trennung von Staat und Kirche, Industrialisierung und Kapitalismus, die Amerika bestimmenden politischen Ideen wie Liberalismus und Demokratie, Individualismus, Konstitutionalismus und Föderalismus, Grundrechte und Gewaltenteilung – alles das ist ohne Zweifel Bestandteil einer gemeinsamen westlichen Tradition.

Zugleich gilt, dass die Expansion der von Europa geprägten Nation sich nicht in einem Vakuum der internationalen Machtpolitik, in einer *splendid isolation* entwickelte, sondern in einem von Europa dominierten Weltsystem. Der Weg der USA zur Großmacht musste deshalb gegen die Interessen und gegen die Politik der drei alten europäischen Kolonialmächte in der westlichen Hemisphäre durchgesetzt werden, gegen Frankreich, Spanien und vor allem gegen Großbritannien, seit dem Ende der Napoleonischen Kriege unbezweifelbar die Weltmacht Nummer eins, weil es die Weltmeere beherrschte und zugleich das Gleichgewicht der Kräfte in Europa aufrechterhalten konnte.

Am einfachsten hatten es die Amerikaner mit Frankreich, dessen Macht und Einfluss in Nordamerika schon 1763, also vor dem Unabhängigkeitskrieg der englischen Siedler, durch die Niederlage gegen England im siebenjährigen Weltkrieg von 1756–63 gebrochen war. Das ist eine Tatsache von außerordentlicher Wirkung, denn sie machte den Verlierer Frankreich zum möglichen Verbündeten der Siedler und war zugleich der Anfang einer Konstante der amerikanischen Außenpolitik von der Gründung der Union bis zur Gegenwart – des bewussten und/oder glückhaften Ausnutzens der Rivalitäten der europäischen Großmächte zum Nutzen der USA: „European distresses spelled American successes", so hat es ein amerikanischer Historiker formuliert.

Um nur einige markante Beispiele zu nennen: Ohne französische Hilfe, ohne den amerikanisch-französischen Bündnisvertrag von 1778, hätte es wahrscheinlich keine amerikanische Unabhängigkeit gegeben. Der für die USA außerordentlich günstige, durch die militärische Lage keineswegs gerechtfertigte Frieden von Paris im Jahre 1783 ist nur durch die Tatsache zu erklären, dass England gleichzeitig mit drei anderen europäischen Staaten Krieg führte. Die Konzessionen Englands im Vertrag von 1794 *(Jay's Treaty)* und die Konzessionen Spaniens im Vertrag von 1795 *(Pinckney's Treaty)* sind nur aus den europäischen Rivalitäten und der komplizierten Lage Europas zu verstehen. Präsident Thomas Jefferson (1801–1809) profitierte bei dem Kauf Louisianas vom britisch-französischen Weltkonflikt und dem Dilemma Napoleons I. Die außerordentlich milden Bestimmungen im Frieden von Gent nach dem zweiten Unabhängigkeitskrieg gegen England von 1812–14, in dessen Verlauf die Engländer die Hauptstadt Washington und das Weiße Haus teilweise niederbrannten, lassen sich nur mit der Erschöpfung des britischen Steuerzahlers durch die Napoleonischen Kriege erklären. Spanien stimmte der Abtretung der beiden Floridas nur zu, weil es angesichts der Befreiungsbewegungen in Süd- und Mittelamerika keine andere Wahl hatte.

Schließlich kann man behaupten, dass der Sieg der Nordstaaten und damit die Einheit der amerikanischen Union nur gerettet werden konnte, weil Großbritannien nicht auf die Seite der konförderierten Südstaaten trat, nicht die Unabhängigkeit eines zweiten Großstaates auf amerikanischem Boden anstrebte und damit in der Neuen Welt, anders als in Europa, keine konsequente Politik des Gleichgewichtes der Kräfte betrieb. Kanada oder Mexiko konnten die Funktion als Gegenmächte zu den USA nie erfüllen. Nach dem Bürgerkrieg und der rasanten Industrialisierung des nordamerikanischen Kontinents war allerdings die kritische Phase einer möglichen Gefährdung der USA durch europäische Mächte durchlaufen. Kein Staat der Welt konnte fortab die Existenz der Nation in Frage stellen. Deshalb hat man über das Sicherheitsproblem der

USA nach dem Bürgerkrieg zu Recht gespottet: im Norden ein schwaches Kanada, im Süden ein schwaches Mexiko, im Osten Fische und im Westen Fische.

Auch die beiden „kanonischen" Texte der amerikanischen Außenpolitik – die Abschiedsbotschaft *(Farewell Address)* des ersten Präsidenten George Washington (1789–1797) vom 17.09.1796 und die „Doktrin" des fünften Präsidenten James Monroe (1817–1825) vom 2.12.1823 – sowie zwei weitere Strukturprobleme amerikanischer Außenpolitik im 18. und 19. Jahrhundert lassen sich aus amerikanisch-europäischen Konflikten erklären: der Wille der USA, in europäischen Kriegen als Neutrale mit allen kriegführenden Nationen einen möglichst profitablen Handel zu treiben; das strategische Ziel, den Einfluss der raumfremden europäischen Mächte in der gesamten westlichen Hemisphäre, in Nord- und Südamerika, möglichst weitgehend auszuschalten.

Die Napoleonischen Kriege und der englisch-französische Weltgegensatz zwangen die junge Nation, zum ersten Male für die Rechte der Neutralen, die „Freiheit der Meere" und die eigenen Handelsinteressen zu kämpfen. Dieses Problem trieb die USA in den 90er Jahren des 18. Jahrhunderts zweimal an den Rand eines Krieges, zunächst mit England, dann mit Frankreich; die Rechte der Neutralen auf hoher See waren überdies eine wichtige Ursache für den Krieg gegen England von 1812–14. Aus der Rückschau kann dieser Konflikt als Generalprobe für den Ersten Weltkrieg gesehen werden. Washington verwandelte in seiner Abschiedsbotschaft diese Erfahrungen mit Europa in eine außenpolitische Maxime: Er empfahl der Nation, Handel mit jedermann zu treiben, aber keine verstrickenden Bündnisse *(entangling alliances)* einzugehen. Die Botschaft wurde bis in die 30er Jahre des 20. Jahrhunderts zur Bibel der bündnispolitischen Isolationisten.

Präsident Monroe erklärte aus Sorge vor einer möglichen Rekolonialisierung der westlichen Hemisphäre durch Mächte der Heiligen Allianz, dass die USA jede weitere Kolonisierung und jede zukünftige Intervention europäischer Mächte in der Neuen Welt als unfreundlichen Akt auffassen würden. Gleichzeitig versicherte der Präsident, dass sich die USA aus allen europäischen Angelegenheiten heraushalten und sich nicht in die noch existierenden europäischen Kolonien einmischen wollten. Die Kehrseite dieses Interventionsverbotes für europäische Mächte war die Grundlegung einer hegemonialen, im karibischen Raum oft imperialen Position der USA in Lateinamerika. Der reale Garant dieser selbstbewussten Monroe-Doktrin war bis zum Bürgerkrieg die britische Flotte. Die Doktrin bestand ihre erste Bewährungsprobe nach dem Bürgerkrieg, als die USA den französischen Kaiser Napoleon III. zwangen, Erzherzog Maximilian aus dem Hause Habsburg, der 1863 unter dem Protektorat Napoleons zum Kaiser von Mexiko gemacht worden war, fallenzulassen und damit den Sturz und den Tod Maximilians hinzunehmen.

25

II. Kapitel

Weltmacht und die Vision einer neuen Weltordnung

US-Außenpolitik im Zeitalter des Imperialismus
und des Ersten Weltkrieges, 1898–1919

Seit den 80er Jahren des 19. Jahrhunderts erschienen drei neue Weltmächte auf der Bühne der internationalen Politik: die USA, Deutschland und Japan. Alle drei Staaten hatten in der Mitte des 19. Jahrhunderts schwere Kriege oder Bürgerkriege zur Erringung oder Erhaltung ihrer nationalen Einheit geführt: Japan 1858–68, Deutschland 1864–71 und die USA 1861–65. Alle drei Staaten begannen sich nach einer inneren Konsolidierungsphase von gut zwanzig Jahren gleichsam als „verspätete Nationen" an dem Wettlauf um die vermutete Endverteilung der Erde im Zeitalter des Imperialismus zu beteiligen. Dort trafen sie auf drei alte Staaten, die teils schon über Jahrhunderte ein Imperium erworben hatten, teils überzeugt waren, dass man es konsolidieren und ausbauen musste: England, Frankreich und Russland. Spätestens seit 1905, nach dem überraschenden Sieg Japans über Russland, kann man diese sechs Staaten als Weltmächte in dem Sinne betrachten, dass ihre jeweilige Politik in den meisten großen internationalen Fragen von den anderen Mächten in ihr Macht- und Interessenkalkül einbezogen wurde. Die ebenfalls imperialistischen Staaten Italien, Spanien, Portugal, die Niederlande und Belgien waren Mächte zweiter Klasse, China und das Osmanische Reich wurden zum bevorzugten Beuteobjekt der anderen Staaten auf der Jagd nach Kolonien, Einflusssphären, Interessengebieten, Eisenbahnkonzessionen, wirtschaftlichen Privilegien und Investitionsmöglichkeiten. Das europazentrische Weltsystem begann, sich in ein interdependentes Weltstaatensystem zu verwandeln.

Durch den Sieg im Spanisch-Amerikanischen Krieg von 1898 änderte sich die relative Position der USA in der Welt. Aus einer regionalen Großmacht der westlichen Hemisphäre wurde im Zeitalter des Imperialismus und des Ersten Weltkrieges eine Weltmacht unter anderen, noch keine globale Supermacht. Die USA legten sich ein Imperium in der Karibik und im Pazifik zu, und sie verstärkten ihren wirtschaftlichen Einfluss in Ostasien, Europa und Afrika.

In der Wahl der politischen Mittel und der Intensität der Einflussnahme gab es allerdings bis 1917, bis zum Eintritt der USA in den europäischen Krieg, einen gravierenden Unterschied zwischen der westlichen Hemisphäre und dem östlichen Pazifik einerseits sowie dem Rest der Welt andererseits. In Mittelamerika waren die USA entschlossen, die Stabilität ihres Imperiums notfalls durch militärische Gewalt zu sichern: Der wirtschaftliche und der militärische Interessenradius deckten sich. Anders lagen die Verhältnisse im Pazifik. Hier lief nach 1898 die militärische Sicherheitszone der USA quer durch den Pazifik, entlang des Halbkreises Aleuten, Hawaii, Samoa – die von Spanien erworbenen Philippinen waren im Ernstfall nicht zu verteidigen und bildeten bis zum Überfall der Japaner auf Pearl Harbor (1941) die sicherheitspolitische Achillesferse der USA –, während Amerikas wirtschaftliche Interessen und missionarische Neigungen das asiatische Festland einschlossen. Weder das amerikanische Volk noch die Präsidenten und Kongresse waren gewillt, diese wirtschaftlichen Interessen und die zur Durchführung dieser Interessen formulierte Politik der „offenen Tür" gegenüber möglichen Rivalen – Russland, Japan, Deutschland, England und Frankreich – mit Gewalt durchzusetzen, und an der internationalen Strafexpedition nach dem Boxeraufstand in China im Jahre 1900 beteiligten sich die USA nur halbherzig.

Diese Selbstbeschränkung hatte mehrere Gründe: Die wirtschaftlichen und missionarischen Interessen in Ostasien waren nach Ansicht der Amerikaner letzten Endes keinen Krieg wert; auf sich allein gestellt, wären die USA trotz des Ausbaus ihrer Flotte ohnehin zu schwach gewesen, um einen größeren Krieg auf dem asiatischen Festland zu führen. Die USA hätten sich also mit anderen Staaten verbünden müssen. Eine solche Politik aber lief der Fundamentaldoktrin amerikanischer Außenpolitik zuwider, eben Washingtons Warnung vor verstrickenden Bündnissen. Die USA wollten bis zum Ersten Weltkrieg auf keinen Fall – auch nicht auf dem Umweg über Asien und Afrika – in die europäischen Konflikte und Bündnisse hineingezogen werden.

Diese Zurückhaltung beherrschte deshalb auch die vorsichtige Außenpolitik in Afrika. Die USA versuchten hier – wie in Asien – ihre Handelsinteressen zu sichern, aber sie beteiligten sich nicht an dem Wettlauf der europäischen Staaten um die Aufteilung des Kontinents. Das sei an drei Beispielen demonstriert : Der Staat Liberia, zu dem die USA ein besonderes Verhältnis hatten, weil zwischen 1821 und 1870 private amerikanische Organisationen etwa 15000 befreite Sklaven in ihre schwarze „Heimat" zurückbrachten, erhielt keine Besitzstandsgarantie durch die US-Regierung, als England und Frankreich 1884 die schwarze Republik auf eine kleine Enklave an der Küste verkleinerten. Der amerikanische Präsident Grover Cleveland (1885–1889; 1893–1897) weigerte sich, die auf der Berliner Kongo-Konferenz 1884/1885 verabschiedete Schlussakte über die Zukunft des Kongo-Gebietes dem Senat vorzulegen, weil eine amerikanische Unterschrift das Land möglicherweise binden und in die europäischen Verhältnisse verstricken könnte. Selbst die spektakulärste außenpolitische Aktion der USA in Afrika vor dem Ersten Weltkrieg, die Vermittlerrolle des mit Leidenschaft Weltpolitik betreibenden Präsidenten Theodore Roosevelt (1901–1909) während der ersten Marokko-Krise von 1905/06, bewegte sich in diesen Grenzen. Für den Senat hatte sich Roosevelt auf der Konferenz von Algeciras (1906) schon zu weit auf europäische Fragen eingelassen. Deshalb schrieb der „mächtigste Club der Welt" in das Gesetz über die Annahme der Algeciras-Akte hinein, dass die USA keineswegs von ihrer traditionellen Außenpolitik abweichen wollten, die es verbiete, sich an der Lösung politischer Fragen Europas zu beteiligen.

Angesichts dieser bündnispolitischen Berührungsangst vor Europa war es selbstverständlich, dass sich die USA vor dem Ersten Weltkrieg nicht an der „großen Politik" der europäischen Kabinette beteiligten, für die Strukturkrisen des europäischen Mächtesystems zwischen 1890 und 1914 nicht verantwortlich waren, am Ausbruch des Ersten Weltkrieges keinen Anteil hatten und die Beziehungen zu den europäischen Staaten auf wirtschaftliche Probleme und Kontroversen beschränkten. Es ist bezeichnend – darüber wird noch zu berichten sein –, dass die Verschlechterung des amerikanischen Deutschlandbildes nach dem Sturz Bismarcks und die gleichzeitige Verbesserung des Verhältnisses zur Weltmacht Nummer eins, zu Großbritannien, in erster Linie auf Ereignisse und Entwicklungen in der westlichen Hemisphäre und Ostasien, auf Rivalitäten und Kompromisse außerhalb Europas, zurückzuführen sind.

Die auf den ersten Blick paradox erscheinende Teilnahme der USA am imperialen Wettlauf der Nationen – immerhin verstanden sich die USA als erster Staat der Welt, dem es gelungen war, in einer Revolution der Freiheit die kolonialen Fesseln abzuschütteln – ist daraus zu erklären, dass sich die zeitspezifischen Ideologien und Interessenlagen gegenüber den antikolonialen Traditionen durchsetzten; obwohl es, besonders im innenpolitischen Kampf um die Annexion der Philippinen, zu einer gewaltigen Kampagne antiimperialistischer Bewegungen und Verbände kam, die von prominenten Amerikanern aus allen Klassen und Regionen unterstützt wurden.

Bisher, so argumentierten die Antiimperialisten, hätten die USA in ihrer Geschichte kein Gebiet erworben, das nicht amerikanisiert und schließlich als Staat in die Union aufgenommen werden konnte. Die Philippinen und auch Puerto Rico seien entfernte Länder mit fremden Rassen und Sprachen. Bananen und Selbstregierung könnten nicht im selben Lande wachsen. Außerdem widerspreche die zwangsweise Annexion von Millionen Menschen den besten Traditionen Amerikas. Sie verletze den Geist der Unabhängigkeitserklärung und der Verfassung, schlage die Warnungen der Abschiedsbotschaft Präsident Washingtons in den Wind und unterlaufe die starke moralische Position, die sich die USA mit der Monroe-Doktrin geschaffen hätten. Auch sei es widersinnig, einen Krieg um die Befreiung Kubas von spanischer Herrschaft zu beginnen, um sich als Ergebnis des erfolgreichen Krieges nun selbst Kolonien und Protektorate zuzulegen. Schließlich werde ein – auch zeitlich begrenzter – Besitz der Philippinen eine noch stärkere Flotte erfordern, was mit Sicherheit dazu führe, dass die USA sich militärisch in die Politik in Ostasien einmischen würden und auf dem Umweg über die asiatische Hintertür mit den rivalisierenden europäischen Großmächten in einen Krieg gerieten.

Während diese antiimperialistische und isolationistische Bewegung den allgemeinen Konsens der Amerikaner verstärkte, sich auf keinen Fall in die Händel Europas und Ostasiens zu verstricken, konnte sie die imperiale Expansion nach Lateinamerika und in den Pazifik nicht verhindern. Sie war zu schwach, um den aggressiven, selbstbewussten, stark von einem Geist der Expansion durchdrungenen Nationalismus in Schach zu halten, der sich in den 1890er Jahren in Teilen der amerikanischen Bevölkerung und Teilen der außenpolitischen Entscheidungselite herausbildete. Dieser imperiale Zeitgeist hatte wirtschaftliche, machtpolitische und ideologische Ursachen.

1890 wurde die offene Grenze auf dem amerikanischen Kontinent für geschlossen erklärt. Es gebe, so hieß die offizielle Feststellung, kein wildes, freies, unerschlossenes Land mehr, das der Besiedlung noch offenstehe. Das bedeutete, dass das klassische Sicherheitsventil der amerikanischen Sozial- und Wirtschaftsgeschichte, die offene Grenze, geschlossen wurde: ein Vorgang, der schon von zeitgenössischen Beobachtern als eine historische Zäsur betrachtet wurde. Als 1893 in den USA eine tiefe Wirtschaftskrise einsetzte, war es naheliegend, nach einem neuen Ausweg zu suchen. Bei vielen Amerikanern – und keineswegs nur bei den Geschäftsleuten – entwickelte sich die Überzeugung, dass die expandierende Industrie der USA, die wie die Landwirtschaft Überschüsse produzierte, neue Grenzen und neue Absatzmärkte benötige, um das Land vom Fluch der

Überproduktion zu befreien. Hatte man bisher vorwiegend monetäre Ursachen – knappes Geld und einen unelastischen Kreditmarkt – für die Krise verantwortlich gemacht, so gewann nun die These an Popularität, dass man neue Märkte und Investitionsmöglichkeiten benötige, um Überproduktion, fallende Preise, schrumpfende Profite und Sozialkonflikte zu vermeiden. Diese neuen Märkte seien besonders in den Regionen der Welt zu sichern, aus denen die Amerikaner von ihren europäischen Konkurrenten nicht vertrieben werden könnten. Auch deshalb böten sich Mittel- und Südamerika sowie Ostasien an, also genau jene Gebiete, in die die expansiven Energien der Amerikaner seit der Mitte des 19. Jahrhunderts ohnehin tendiert hatten.

Die wirtschaftliche Begründung für die Expansion verband sich auch in den USA mit sozialdarwinistischen Vorstellungen. Auch Amerikaner übertrugen die entwicklungsbiologischen Lehren von Charles Darwin auf die menschliche Gesellschaft. Schlagworte wie die von der „natürlichen Auslese" und dem „Überleben der Stärkeren" gehörten in dieser Zeit zum allgemeinen Bildungsgut, sie waren für eine junge, geeinte, tatkräftige, wirtschaftlich wachsende und territorial expandierende Nation von großer Anziehungskraft. Dieser Sozialdarwinismus ließ sich ohne Schwierigkeiten mit einem angelsächsischen Rassismus vereinbaren. Da die Angelsachsen eine überlegene Rasse seien, müssten sie expandieren, um ihre „Fitness" zu demonstrieren. Der Geistliche Josiah Strong publizierte 1885 einen Bestseller „Our Country. Its Possible Future and Its Present Crisis". Darin hieß es: „Diese mächtige Rasse wird bis nach Mexiko vorstoßen, bis nach Zentral- und Südamerika, bis auf die Inseln im Atlantik, nach Afrika und weit darüber hinaus. Und kann irgendjemand daran zweifeln, dass das Ergebnis dieses Wettbewerbes der Rassen das Überleben des Stärksten sein wird?"[1] Der vermutlich einflussreichste Propagandist der Expansion wurde der Geopolitiker und Seestratege Alfred Thayer Mahan, der 1890 durch sein Buch „The Influence of Sea Power upon History 1660–1783" in der ganzen Welt berühmt wurde. In seinen Veröffentlichungen zog Mahan aus der Untersuchung der Erfolgsgeschichte des Britischen Empire und der britischen Flotte folgenden Schluss: Für die wirtschaftliche und militärische Expansion benötigen die USA eine große Handelsmarine, der nur durch eine starke Flotte Schutz gewährt werden könne. Diese Flotte wiederum sei auf überseeische Flottenbasen und Kohlestationen angewiesen. Nur so könnten die USA im Wettlauf antagonistischer Nationalstaaten bestehen.[2]

Diese expansive Ideologie, die die Sendungsidee der USA imperialistisch einfärbte, ein verbreiteter Hurrapatriotismus und eine chauvinistische Presse bildeten den Nährboden für das Kriegsfieber, das die USA erfasste, als in der Nacht zum 15. Februar 1898 im kubanischen Hafen von Havanna das amerikanische Kriegsschiff „Maine" in die Luft flog und 260 Amerikaner den Tod fanden. Nun musste die schon lange andauernde Krise im spanisch-amerikanischen Verhältnis über die Zustände in der spanischen Kolonie – an denen die USA aufgrund ihrer Zollgesetzgebung nicht unschuldig waren – gelöst werden. Der zögernde Präsident William McKinley (1897–1901) glaubte, dem Druck der Expansionisten in seiner republikanischen Partei und der veröffentlichten Meinung nicht länger standhalten zu können. Seine Bitte, ihn zum Einsatz von Armee und Flotte zur Beendigung der Feindseligkeiten auf Kuba zu ermächtigen, traf auf einen hochemotionalisierten Kongress. Dieser verabschiedete nach erregten Debatten vier Resolutionen, die einer Kriegserklärung an Spanien gleichkamen. Der Kongress erklärte Kuba für frei, verlangte den Rückzug Spaniens, wies den Präsidenten an, für diesen Zweck die Streitkräfte der USA einzusetzen, und verwarf in einem Zusatz *(Teller Amendment)* jede Absicht, Kuba als einen Teil der USA zu annektieren. Da Spanien diese Demütigungen nicht hinnehmen wollte, befanden sich die beiden Staaten vom 21. April an im Kriege.

Der Krieg dauerte knapp vier Monate. Er wurde zu Wasser und zu Lande geführt und endete mit einem völligen militärischen Sieg der USA. Er war in den USA äußerst populär (that „splendid little war"): lang genug, um die Überlegenheit der amerikanischen Waffen zu beweisen, kurz genug, um die tödlichen Konsequenzen jedes Krieges ignorieren zu können. Die veröffentlichte Meinung produzierte Kriegshelden am laufenden Band. Der junge Theodore Roosevelt kämpfte pressewirksam an der Spitze einer halb privaten Truppe aus Herrenreitern und Cowboys auf Kuba. Als stellvertretender Flottenminister befahl er vor Ausbruch der Feindseligkeiten dem gleichgesinnten Admiral George Dewey, bei Kriegsausbruch die spanische Flotte auch in Ostasien anzugreifen.

Dewey fügte der spanischen Pazifikflotte in der Bucht von Manila am 30. April 1898 in einer kurzen Schlacht eine vernichtende Niederlage zu. Ein amerikanisches Expeditionskorps ging an Land und nahm, zunächst zusammen mit philippinischen Aufständischen, die Hauptstadt der Insel in Besitz. Die spanische Atlantikflotte hatte sich nach Santiago auf Kuba geflüchtet, sie wurde am 3. Juli bei einem Ausbruchsversuch von der US-Flotte versenkt. Diese Niederlage war das Signal für die spanischen Landtruppen, vor den amerikanischen Regimentern zu kapitulieren, die nicht nur Kuba, sondern auch Puerto Rico unter ihre Kontrolle brachten. Die spanische Regierung musste um einen Waffenstillstand bitten, dessen Bedingungen einer Kapitulation gleichkamen und den Frieden von Paris (12. 12. 1898) weitgehend vorwegnahmen.

Nach diesem Friedensvertrag musste Spanien Kuba aufgeben. Die Insel blieb bis 1902 von amerikanischen Truppen besetzt. Als diese abzogen, behielten die USA Flottenstützpunkte auf der Insel, sie behielten sich außerdem das Recht zur militärischen Intervention vor, falls Leben und Eigentum von Amerikanern bedroht waren, ein Recht, von dem sie in der Folgezeit des öfteren Gebrauch machten. Obwohl die Insel eine eigene Regierung und Verfassung besaß, wurde sie ein Protektorat der USA: Vom Geist des Teller Amendments war nicht viel übriggeblieben. Puerto Rico und einige kleinere spanische Besitzungen in der Karibik fielen ebenfalls an die USA. Das Schicksal Puerto Ricos ähnelte demjenigen Kubas: Durch sein Zweikultursystem – Zucker und Tabak – war es wirtschaftlich von den USA abhängig. 1900 erhielt die Insel ein gewisses Maß an Selbstverwaltung; 1917 wurde den Puertoricanern die amerikanische Staatsbürgerschaft verliehen.

Im Pazifik trat Spanien die Philippinen und die Insel Guam an die USA ab. Die amerikanische Regierung war bereit, dafür 20 Millionen Dollar zu zahlen, obwohl sie sich ein explosives innen- und außenpolitisches Problem auflud: Innenpolitisch konzentrierte es sich auf den Kampf mit den Antiimperialisten gegen die Annexion der Philippinen, außenpolitisch verwickelte es die USA in einen dreijährigen, mit Grausamkeit und Härte geführten Kolonialkrieg gegen die aufständischen Filipinos unter ihrem Führer Emilio Aguinaldo. Nach der Niederschlagung des Aufstandes erhielten die Inseln zunächst den Status eines nichtorganisierten Territoriums. Die Annexion Hawaiis ergab sich gleichsam en passant. 1897 hatte die von einer weißen Minderheit beherrschte Republik von Hawaii einen Annexionsantrag gestellt. Als der Krieg gegen Spanien ausbrach, stellten die Amerikaner fest, wie hervorragend man diese Inselgruppe in der Mitte des Pazifiks als Flottenstützpunkt benutzen konnte. Sie wurde am 7. Juli 1898 durch eine gemeinsame Resolution des Kongresses annektiert.

Durch diesen Krieg hatten sich die USA, wie bereits angedeutet, ein Imperium im Pazifik zugelegt. Dazu gehörten nun Alaska und die Midway-Inseln, Hawaii, Samoa (das man sich mit Deutschland geteilt hatte), die Johnston- und Palmira-Inseln, Wake, Guam und die Philippinen. Diese Inseln hatten eine eigene strategische und/oder wirtschaftliche Bedeutung, besaßen aber in der Vorstellung vieler Amerikaner zugleich einen strategischen Wert als Sprungbretter und Sicherungspositionen für den zukünftigen Handel mit den Ländern Ostasiens, besonders mit China, Japan und Korea. Die verlockende Vision eines riesigen chinesischen Marktes begann seine politische Wirkung als reales Motiv der US-Ostasienpolitik zu entfalten, eine Vision, die bis in die Gegenwart allerdings nie Realität wurde. Es gehört zu den Ironien der Geschichte, dass die amerikanische Fernostpolitik in dieser Hinsicht auf einem Mythos aufgebaut war. Im gesamten 20. Jahrhundert hat der amerikanische Export nach China nie mehr als 3 % des US-Außenhandels ausgemacht, während der Handel mit der neuen, bald als potentieller Feind betrachteten Großmacht im Pazifik, mit Japan, von Anfang an lukrativer war. In der Geschichte der amerikanischen Fernostpolitik hat es nie eine Entsprechung zwischen den „objektiven" wirtschaftlichen Daten und der tatsächlichen Außenpolitik gegeben.

Neben diesem Mythos gab es nicht nur bis 1914, sondern bis zum Überfall der Japaner auf Pearl Harbor im Jahre 1941 die schon genannte Grenze amerikanischer Ostasienpolitik, sich auf keinen Fall in einen großen Krieg verwickeln zu lassen. Deshalb konnte die amerikanische Regierung Noten absenden und ihre Dienste als Vermittler anbieten, allenfalls, wie im Jahre 1907, ihre damals schon zweitstärkste Flotte der Welt auf eine Weltreise senden und auch in der Bucht von Tokio demonstrativ vor Anker gehen lassen. Die berühmten Noten zur Politik der „offenen Tür" vom September und November 1899 an die anderen, in China um Einflusssphären und Gebietsansprüche kämpfenden Großmächte waren deshalb nur eine Absichtserklärung, ohne Zwangsgewalt und mit nur geringer Wirkung. Diese Staaten wurden aufgefordert, in ihren bereits bestehenden Einflusssphären jeweils allen Staaten und damit auch den USA die gleiche wirtschaftliche Chance einzuräumen. Von großer potentieller – nicht aktueller – Bedeutung war dagegen die Zirkularnote der amerikanischen Regierung vom 3. Juni 1900, eine indirekte Warnung an die Großmächte, die Niederschlagung des Boxeraufstandes zu benutzen, um die territoriale und administrative Einheit Chinas zu zerschlagen. Ein solcher Versuch widerspreche den Grundsätzen amerikanischer Politik. Diese Note war zwar im Jahre 1900 die Warnung eines „unbewaffneten Propheten", zugleich jedoch geeignet, die USA wegen der imperialen Ambitionen Russlands und Japans auf chinesisches Territorium in einen Konflikt in Ostasien zu verwickeln.

Genau das aber versuchte Präsident Theodore Roosevelt durch eine vermittelnde Diplomatie zu vermeiden, die in der

Sache eine klassische Gleichgewichtspolitik verfolgte und das Ziel hatte, weder Russland noch Japan zum Hegemon in Ostasien aufsteigen zu lassen. Er vermittelte nach dem Russisch-Japanischen Krieg von 1904/05 den Friedensvertrag von Portsmouth (1905) und erhielt dafür den Friedensnobelpreis. Da er nicht verhindern konnte, dass Japan als Siegespreis das Protektorat über Korea und über die südliche Mandschurei erhielt, versuchte er, eine weitere Expansion Japans durch ein höchst ambivalentes Regierungsabkommen einzudämmen, durch das Root-Takahira-Agreement vom 30.10.1908: Einerseits verpflichteten sich beide Staaten, die gegenseitigen Besitzungen im Pazifik zu respektieren und den bestehenden Status quo zu unterstützen (zu diesem Status quo gehörte eben das Protektorat Japans über Korea und der dominierende Einfluss des Landes in der südlichen Mandschurei, der die Souveränität Chinas in diesem Gebiet aushöhlte). Auf der anderen Seite – und das war ein manifester Widerspruch – verpflichteten sich beide Seiten, mit allen ihnen zur Verfügung stehenden Mitteln die Unabhängigkeit und Integrität Chinas zu verteidigen und den Grundsatz der gleichen wirtschaftlichen Chance für Handel und Industrie in ganz China zu unterstützen. Der Vertrag war also ein Formelkompromiss, und es war vorauszusehen, dass sich in zukünftigen Konflikten jeder Staat auf „seinen" Teil des Vertrages berufen würde.

Weder die wachsende Macht Japans in Ostasien noch weiterer Zündstoff auf beiden Seiten des Pazifiks – wie Ausschreitungen gegen Amerikaner in Japan oder diskriminierende Einwanderungsgesetze gegen Japaner in den USA – konnte Roosevelt von seiner Grundüberzeugung abbringen, dass ein Krieg in Ostasien grundsätzlich ausgeschlossen war. Seinem Nachfolger, Präsident William H. Taft (1909–1913), der mit seiner *dollar diplomacy* in Ostasien auch nur sehr begrenzte Erfolge erzielte, erläuterte Roosevelt die Summe seiner Erfahrungen in der Fernostpolitik in einem langen Schreiben vom 22.12.1910:

„Unser vitales Interesse ist es, Japan von unserem Land fernzuhalten und gleichzeitig seinen guten Willen zu erhalten. Das vitale Interesse Japans dagegen liegt in der Mandschurei und Korea. Es ist deshalb von besonderem Interesse für uns, in Sachen Mandschurei keine Schritte zu unternehmen, die Japan ... das Gefühl geben könnten, dass wir dem Land gegenüber feindselig eingestellt sind oder dass wir, wenn auch nur eine geringfügige, Gefahr für seine Interessen darstellen. Ein Bündnis mit China bedeutet angesichts der absoluten militärischen Hilflosigkeit des Landes für uns keine zusätzliche Stärke, sondern eine zusätzliche Verpflichtung, die wir uns aufbürden; und da ich die Politik des Bluffs völlig ablehne, sowohl in der nationalen als auch in der internationalen Politik als auch im Privatleben, und es auch ablehne, die alte Grenzerregel ‚Zieh nie [den Colt], wenn Du nicht schießen willst' zu verletzen, halte ich es für falsch, Positionen zu beziehen, die wir nicht verteidigen können.

Was die Mandschurei anbetrifft, so können wir Japan nicht stoppen, wenn es einen unseren Interessen entgegengesetzten Kurs einschlägt, falls wir nicht zum Kriege bereit sind; und ein erfolgreicher Krieg um die Mandschurei würde von uns eine Flotte so groß wie die englische und eine Armee so stark wie die deutsche verlangen. Die Politik der „offenen Tür" in China war eine gute Sache, und ich hoffe, sie wird es in Zukunft bleiben, solange sie durch allgemeines diplomatisches Übereinkommen gesichert werden kann; aber wie die Geschichte der Mandschurei sowohl unter Russland als auch unter Japan gezeigt hat, verschwindet die ganze Politik der „offenen Tür" de facto völlig, wenn eine mächtige Nation entschlossen ist, sie zu missachten, und lieber ein Kriegsrisiko eingeht als ihre Absichten aufzugeben."[3]

Ungleich härter dagegen gingen die USA vor dem Ersten Weltkrieg in ihrem „Vorgarten" oder „Hinterhof" vor, in Mittelamerika und in der Karibik, weil das Land in dieser Region neben wirtschaftlichen auch vitale strategische Interessen durchsetzte. Seit der Mitte des 19. Jahrhunderts gehörten die Probleme einer Zwei-Ozeane-Flotte, eines interozeanischen Kanals – entweder in Nicaragua oder Panama – sowie der sichere Zugang zu einem solchen Kanal zum Kernbereich amerikanischen Sicherheitsdenkens. Die Selbstbestimmung der Staaten in der Karibik musste ihre Grenze dort finden, wo Unruhen und Revolutionen, Bürgerkriege, Putsche und außenpolitische Parteinahmen die wirtschaftlichen und strategischen Interessen der USA gefährdeten. Deshalb zwangen die USA Großbritannien zum strategischen Rückzug aus der Karibik – übrigens der Anfang vom Ende des Britischen Empire im 20. Jahrhundert – und Kolumbien 1903 zum Verzicht auf die zukünftige Kanalzone in Panama. Als der Kanal 1914 eingeweiht wurde, gehörten Puerto Rico und die Jungfraueninseln den USA; Kuba, Panama, die Dominikanische Republik, Nicaragua und Haiti waren Protektorate, von den USA wirtschaftlich und bei Bedarf auch militärisch dominiert, aber auch von gutgemeinten, dennoch wenig effektiven Erziehungs-, Gesundheits- und Bildungsprogrammen betroffen, mit denen die besondere zivilisatorische Sendung der USA in die Tat umgesetzt werden sollte. Theodore Roosevelt deutete im Dezember 1904 die Monroe-Doktrin um *(Roosevelt Corollary)*, indem er die Bedingungen aufzählte, unter denen die USA das Recht und die moralische Pflicht hätten, als Ordnungs- und Polizeimacht in Ländern der „westlichen Hemisphäre" zu intervenieren.

Zusammenfassend lässt sich das besondere Gewicht der USA in der Weltpolitik und Weltwirtschaft vor 1914 so bestimmen: Jenseits des nordamerikanischen Kontinents, den die Nation ohnehin dominierte, besaßen die USA ein Imperium in der Karibik und im östlichen Pazifik, darüber hinaus die im Konfliktfall nicht zu haltenden Philippinen. In ganz Lateinamerika konkurrierten die USA besonders mit Großbritannien, dem Deutschen Reich und Frankreich um wirtschaftlichen Einfluss. Zum eurasischen Doppelkontinent hingegen hielten die Amerikaner Distanz: Auf keinen Fall wollten sie dort militärisch und bündnispolitisch verwickelt werden.

Auf der anderen Seite waren die USA schon vor dem Ersten Weltkrieg die führende Wirtschaftsmacht der Erde. 1913 hatte das Land einen Anteil an der Weltindustrieproduktion von

35,8 %, Deutschland von 15,7 %, Großbritannien von 14 % und Frankreich von 6,4 %. Die Roheisenproduktion – einer der wichtigsten Gradmesser der damaligen Zeit – betrug im Jahre 1910 in den USA 27,7 Mill. Tonnen, in Deutschland 13,11 Mill., in Großbritannien 10,2 Mill. und in Frankreich 6,4 Mill. Tonnen.[4] Die führende Rolle Großbritanniens als Zentrum des Welthandels hatten die USA allerdings noch nicht erschüttert. Der amerikanische Kapitalexport war zwar in den letzten Jahren vor Ausbruch des Krieges erheblich gestiegen, doch besaßen die USA weiterhin eine nicht unerhebliche Nettoschuldnerposition. In der Außenhandelspolitik des Landes gab es, gemessen an den Dogmen liberaler Wirtschaftstheorie, einen handfesten Widerspruch. Eine aktive Handelsbilanz und eine expansive Außenhandelsstrategie verbanden sich mit einer Hochschutzzollpolitik, die die eigenen Produzenten dem „unfairen" Wettbewerb ausländischer Konkurrenten entziehen sollte: Die USA forderten die „offene Tür", ohne sie selbst zu gewähren.

Nur wenn man sich die außerordentliche politische Kraft der von den *founding fathers* geheiligten Tradition vergegenwärtigt, auf keinen Fall militärisch und bündnispolitisch in Europa einzugreifen, kann man verstehen, dass der Eintritt der USA in den europäischen Krieg im April 1917 tatsächlich eine „Revolution" der amerikanischen Außenpolitik bedeutete. Und nur dann ist erklärbar, warum der amerikanische Präsident Woodrow Wilson (1913–1921) diese Revolution vor sich selbst und seinen Landsleuten mit einer revolutionären Doktrin rechtfertigen musste: mit der Verheißung, durch diesen Kriegseintritt das traditionelle, auf dem Prinzip des Gleichgewichts der Mächte aufgebaute, europazentrische Welt- und Staatssystem zu stürzen, eine bessere Weltordnung herbeizuführen und dem Fortschritt der Menschheit mit dem Versprechen zu dienen, diesen Krieg zum letzten aller Kriege zu machen *(a war to end all wars)*.

Die Leitlinien für einen solchen Idealzustand konnte Wilson selbstverständlich nur aus alten amerikanischen Idealen gewinnen, aus den Idealen der inneren und äußeren Selbstbestimmung der Nationen, auf die die „neue Weltordnung", der Völkerbund, gegründet werden sollte. Wenn Amerika in Europa Krieg führen musste, um die Alte Welt von ihren Übeln zu erlösen, dann musste umgekehrt Europa am amerikanischen Wesen genesen. Die konkreten Interessen der USA verschmolzen deshalb 1917 zum ersten Mal mit der tatsächlichen Globalisierung der amerikanischen Sendungsidee.

Schließlich kann ohne das Gewicht der isolationistischen Tradition nicht erklärt werden, warum – nach dem Sieg im Ersten Weltkrieg und der stolzen Verkündung des Völkerbundes auf der Pariser Friedenskonferenz von 1919 – der Entwurf einer neuen Weltordnung auch am amerikanischen Senat scheiterte. Der Senat verweigerte seine Unterschrift unter den Völkerbund, weil eine Mehrheit von Senatoren diesen Bruch mit der geheiligten isolationistischen Tradition nicht vollziehen wollte. Man hat gesagt, dass die eigentlichen Gegner des Völkerbundes tote Männer gewesen seien: Jefferson, Washington und Monroe. Erst der Alptraum einer nationalsozialistischen Herrschaft über Europa und einer japanischen Herrschaft über Asien, erst der Überfall der Japaner auf Pearl Harbor und Hitlers Kriegserklärung an die USA im Dezember 1941 haben diese Tradition zunächst zerstört.

1914, bei Ausbruch des Krieges in Europa, war Amerikas revolutionärer Weg in den Krieg deshalb keineswegs vorgezeichnet. Die Amerikaner waren über den Kriegseintritt überrascht, konsterniert und zugleich erleichtert: Der Krieg war weit weg, er verletzte keine vitalen Interessen der USA; dank der klugen Politik der Isolation waren die USA an keine kriegführende Macht gebunden. Präsident Woodrow Wilson ermahnte seine Landsleute am 18. August 1914, nicht nur in ihrem Handeln, sondern auch in ihren Gedanken neutral zu bleiben. Es liege, so Wilson, allein an den Amerikanern selbst, welche Folgen der europäische Krieg für Amerika haben werde. Sie sollten sich besonders davor hüten, entsprechend ihrer Herkunft für die eine oder andere Seite in Europa Partei zu ergreifen und dadurch den inneren Frieden in den USA zu gefährden. Sie sollten nie vergessen, dass ihre erste Loyalität ihrem neuen Vaterland, den USA, zu gelten habe.[5] Diese Forderung nach unparteiischer Neutralität war leichter aufzustellen als durchzuhalten. Die Amerikaner waren nicht unparteiisch. Von Anfang an stand vermutlich ihre Mehrheit – ganz sicher jedoch die Mehrheit der anglo- und frankophilen Entscheidungselite der Ostküste – gefühlsmäßig auf Seiten der Alliierten; nur eine Minderheit von Iro- und Deutschamerikanern sympathisierte mit Deutschland und den Mittelmächten. Die gemeinsame englische Sprache, gemeinsame kulturelle Traditionen, auch der englisch-amerikanische Heiratsmarkt in der Oberklasse, wirkten sich aus. Dieser kulturelle Vorteil wurde durch die geschicktere englische Propaganda in den USA noch verstärkt. Die Engländer kontrollierten mit den Atlantikkabeln auch den Informationsfluß in die Vereinigten Staaten. Außerdem zahlte sich jetzt aus, dass Großbritannien seit der Jahrhundertwende alle außenpolitischen Streitpunkte mit den USA auf dem Verhandlungswege beigelegt hatte, während sich das Bild der Amerikaner von Deutschland und den Deutschen seit den Tagen Bismarcks erheblich verschlechtert hatte.

In einem Grenzstreit zwischen dem englischen Dominion Kanada und dem amerikanischen Alaska hatten die Engländer den Forderungen der USA weitgehend nachgegeben – auch der alte Konflikt über die Fischfangrechte im Nordatlantik wurde zugunsten der Amerikaner entschieden. Der wichtigste Grund dafür, dass England schon vor 1914 den Wettlauf mit Deutschland um die amerikanische Gunst gewonnen hatte, war allerdings der strategische Rückzug aus der Karibik und die ausdruckliche Anerkennung der Monroe-Doktrin, während das Wilhelminische Deutschland auch in diesem Punkt hinter die Einsichten Bismarcks zurückfiel. Umgekehrt konnte Präsident Wilson beide Häuser des Kongresses davon abhalten, amerikanische Reeder von der Bezahlung von Gebühren für die Benutzung des Panama-Kanals auszunehmen und damit England und andere Nationen zu diskriminieren.

Obwohl auch das Deutsche Reich und die USA in den Jahrzehnten vor 1914 alle konkreten Konflikte – etwa über Samoa die Philippinen und Venezuela, auch den handelspolitischen „Schweinekrieg" – friedlich beigelegt hatten und das diplomatische Verhältnis insgesamt durch eine Mischung aus begrenztem Konflikt und Kooperation gekennzeichnet war, hatte es bereits vor dem Krieg einen Imagewechsel des Deutschen Reiches in den USA gegeben: Das Wilhelminische Deutschland war Teil des amerikanischen Feindbildes geworden, das Deutsche Reich war 1914 von allen europäischen Nationen diejenige Macht, die die größte Chance hatte, in die manichäische Falle des amerikanischen Sendungsbewusstseins zu geraten. Die konkreten Konflikte mit den USA, die wirtschaftliche Rivalität der beiden vor Selbstbewusstsein strotzenden „Neureichen" des internationalen Mächtesystems, das Misstrauen der USA gegenüber der neuen deutsche Flotte, die Angst vor dem Verlust des probritischen Gleichgewichts der Mächte in Europa, der aggressive Nationalismus in beiden Staaten hatten in Deutschland die Stereotype von der amerikanischen, in den USA die Stereotype von der deutschen Gefahr entstehen lassen. Die amerikanische Kritik am autokratischen, preußisch-militaristischen, anmaßenden, rüden, ja zivilisationsfeindlichen Deutschland war auch deshalb stärker geworden, weil Wilhelm II. – „Kaiser Bill" – für viele Amerikaner Deutschland repräsentierte. Seine Besessenheit für Uniformen, seine Vorliebe für alles Militärische und seine martialischen Reden verstärkten den Eindruck von Deutschland als einem obrigkeitshörigen, freiheitsfeindlichen Militärstaat.

Dennoch bedeuteten der Ansehensverfall des Deutschen Reiches und die Sympathien für die Alliierten nicht, dass die USA im August 1914 an der Seite der Alliierten in den europäischen Krieg drängten. Es bedeutete aber, dass ein möglicher Kriegseintritt auf keinen Fall auf Seiten Deutschlands erfolgen würde und dass die in Deutschland verbreitete Hoffnung, die Amerikaner deutscher Herkunft würden in Treue zum alten Vaterland – gleichsam als eine Wacht des Deutschtums am Hudson – einen Kriegseintritt auf der Seite der Alliierten verhindern, reines Wunschdenken war. Die Sympathien für die Alliierten waren überdies eine wichtige Voraussetzung für die Politik *der parteiischen Neutralität,* die die völkerrechtlich neutralen USA tatsächlich von 1914 bis zum eigenen Kriegseintritt im April 1917 betrieben, obwohl Wilson lange davon überzeugt war, eine unparteiische Haltung einzunehmen. Diese Politik verringerte Schritt für Schritt den Handlungsspielraum der amerikanischen Regierung und des amerikanischen Präsidenten, bis der Kongress nach der Wiederaufnahme des unbeschränkten U-Boot-Krieges durch Deutschland keine andere Wahl hatte, als den Krieg zu erklären.

Die Politik der parteiischen Neutralität zeigte sich vor allem an den unterschiedlichen Reaktionen der USA auf die völkerrechtswidrige Hungerblockade des Deutschen Reiches durch Großbritannien einerseits und die deutsche Kriegszone um die englischen Inseln sowie den deutschen U-Boot-Krieg andererseits. Wie im Napoleonischen Zeitalter, als die Amerikaner zwischen die Mühlsteine der englische Blockade und der französischen Kontinentalsperre geraten waren, stellte sich für die USA die Frage, ob die Nation für die Verteidigung der Rechte der Neutralen – das heißt für den völkerrechtlich erlaubten Handel und die Freiheit von amerikanischen Staatsbürgern, auf Schiffen von Kriegführenden unbehelligt zu reisen – notfalls selbst in den Krieg ziehen sollte. Während Außenminister Bryan und eine formidable Minderheit im Kongress bereit waren, auf amerikanische Rechte zu verzichten, kämpfte Präsident Wilson mit Leidenschaft und Härte gegen einen solchen Verzicht. Er war für ihn undenkbar, weil ein Rückzug der USA zugleich das Prestige der auserwählten Nation beschädigt, seine eigene welthistorische Mission, als Werkzeug Gottes dem ausgebluteten und erschöpften Europa einen amerikanischen Frieden zu bringen, vernichtet und den wirtschaftlichen Interessen der USA schwer geschadet hätte. In der Antwort an seine innenpolitischen Kritiker definierte Wilson die amerikanischen Interessen in globalen Dimensionen: Freiheit und Eigentum *(liberty and property)* waren für ihn unteilbar.

Deshalb führte Wilson seinen Kampf um die Rechte der Neutralen: gegenüber Großbritannien protestierend und erfolglos, gegenüber dem Deutschen Reich mit Warnungen und Sanktionsdrohungen, die ihm die Freiheit der Wahl nahmen, ihn zum Gefangenen der deutschen Reaktion machten und sein Land in den Krieg zogen. Die Briten, die im Sommer 1915 den gesamten Handel der neutralen USA mit den Mittelmächten zum Erliegen gebracht hatten, setzten die Blockade durch und reagierten auf amerikanische Proteste elastisch. Gelegentlich erkannten sie solche Proteste an und zahlten Wiedergutmachung für beschlagnahmte Ladungen, dann wiederum ignorierten sie diese oder schoben eine Antwort auf die lange Bank. Vor allem aber kostete die britische Blockade kein amerikanisches Menschenleben, während im Deutschen Reich nach Schätzungen über 700 000 Menschen an den Folgen der Hungerblockade starben.[6]

Darüber hinaus – und das war ein zweiter fundamentaler Aspekt der parteiischen Neutralität – wurden die USA schrittweise zur Versorgungsbasis und zum Bankier, schließlich zum Waffenarsenal der Alliierten. Die Amerikaner banden sich mit goldenen Ketten an Deutschlands Kriegsgegner. Denn für den Verlust des Handels mit den Mittelmächten wurden die USA reichlich entschädigt. Seit Kriegsbeginn stiegen die Käufe der Alliierten in den USA so rapide an, dass sie die US-Industrie und -Landwirtschaft aus einer akuten Wirtschaftsdepression befreiten. Als die Auslandsguthaben der Alliierten erschöpft waren, gab die Regierung ihren Widerstand gegen private amerikanische Anleihen auf (sie wurden vom Bankhaus J. P. Morgan abgewickelt). Die Amerikaner verdienten am Ersten Weltkrieg so gut, dass die USA von einer Nettoschuldnernation zum größten Gläubiger der Welt wurden.

Gegenüber Deutschland dagegen entwickelte sich die Politik der parteiischen Neutralität in die entgegengesetzte Richtung. Stein des Anstoßes war der U-Boot-Krieg, der neben materiellen amerikanischen Interessen auch amerikanisches Leben gefährdete. Als ein deutsches U-Boot am 15. Mai 1915 vor der iri-

schen Küste das aus New York kommende britische Passagier-
schiff „Lusitania", das auch Munition an Bord hatte, versenkte
und dabei 1198 Menschen – darunter 128 Amerikaner – in die
Tiefe riss, wollte Wilson zwar nicht die allgemeine Erregung
nutzen, um vom Kongress eine Kriegserklärung zu verlangen,
aber er sandte eine harte Note an die deutsche Regierung, die
einem Ultimatum sehr nahekam und einen Notenwechsel zwischen den beiden Regierungen eröffnete. Wilson verletzte Roosevelts alte Grenzerregel: Er zog den Colt, ohne zum Schießen
bereit zu sein.

Als deshalb die deutsche Regierung, getrieben vom Kaiser,
der Obersten Heeresleitung und der deutschen öffentlichen
Meinung, Wilson am 31. Januar 1917 in einem Akt monumentaler und selbstmörderischer Dummheit mitteilte, dass deutsche U-Boote in Zukunft alle Schiffe – ob neutral oder feindlich,
ob Handels- oder Passagierschiffe – in der Kriegszone um England ohne Vorwarnung versenken würden, konnte der immer
noch zögernde Wilson den amerikanischen Kriegseintritt nicht
mehr aufhalten. Er hatte das Prestige der USA durch seine Politik der parteiischen Neutralität längst verpfändet. Hinzu kam,
dass es den Engländern gelang, den Westen der USA durch das
Abfangen eines der törichtsten Telegramme der Weltgeschichte
in ein antideutsches Kriegsfieber zu versetzen, einer Note des
Staatssekretärs des Äußeren Zimmermann, die ein Bündnisan-
gebot an Mexiko und Japan enthielt. Deutschland versprach
Mexiko die Rückgewinnung aller im Krieg von 1848 an die
USA verlorenen Gebiete für den Fall eines gemeinsamen Sieges
über die USA. Als dann am 15. März 1917 der Sturz des Zaren
und die bürgerliche Revolution in Russland bekannt wurden,
war für die Amerikaner das manichäische Weltbild wieder in
Ordnung: Demokraten würden gegen Autokraten, die Kinder
des Lichts gegen die Kinder der Dunkelheit kämpfen.

Während das Deutsche Reich inzwischen fest in der manichäischen Falle saß, rechtfertigte Wilson in seiner Kriegsbotschaft an den Kongress vom 2. April 1917 den Krieg aus der
amerikanischen Sendungsidee.[7] Er hob ihn auf eine universale

Ebene. Der deutsche U-Boot-Krieg sei ein Krieg gegen alle Nationen, gegen die Menschheit. Die Gefahr für den Frieden und die Freiheit der Welt liege in der Existenz autokratischer Regierungen, deren organisierte Gewalt nur durch sie selbst, nicht durch den Willen ihrer Völker kontrolliert werde. Die preußische Autokratie habe überdies durch Spione und kriminelle Intrigen den Frieden in den USA gefährdet, sie sei der natürliche Feind der Freiheit. Die USA selbst hätten keine eigensüchtigen Interessen. Sie kämpften für einen endgültigen Frieden und die Befreiung der Völker, das deutsche Volk eingeschlossen, für das man nur Sympathie und Freundschaft empfinde. „The world must be made safe for democracy."

Am 6. April 1917 stimmten beide Häuser für Krieg, der Senat mit 82:6, das Repräsentantenhaus mit 373:50 Stimmen. Der Kriegseintritt der USA wurde in jeder Hinsicht entscheidend: für den Verlauf des Krieges, für die Neuordnung Europas auf der Pariser Friedenskonferenz von 1919 – den Versailler Vertrag über Deutschland eingeschlossen – und für die Unfähigkeit der Sieger, einen wirklichen Frieden zu stiften. Die fast unbegrenzten Hilfsmittel der Nation, die US-Flotte und über 2 Millionen Soldaten in Europa, vor allem die moralische Unterstützung für Deutschlands Feinde wogen den Ausfall Russlands nach der bolschewistischen Revolution und dem von Deutschland diktierten Gewaltfrieden von Bresk-Litowsk auf. Wilson entwickelte in seinen *Vierzehn Punkten* und anderen programmatischen Reden seine Vision eines liberalen Friedens, auf den die Deutschen mit dem Waffenstillstandsgesuch vom 4.10.1918 ihre Hoffnungen setzten. Als die deutsche Regierung, die Oberste Heeresleitung und Teile des deutschen Volkes gezwungen wurden, von der Illusion eines Europa aufzuzwingenden Siegfriedens Abschied zu nehmen, klammerten sie sich in einem erneuten Anfall von Realitätsverlust an die Illusion, unter Berufung auf Wilsons Rechtsfrieden und das Selbstbestimmungsrecht der Volker möglichst ungeschoren davonkommen zu können; auch deshalb, weil Wilson das Gesuch um Waffenstillstand mit der Forderung nach einem Regimewechsel verband und die deutsche Regierung daraufhin schon vor der Novemberrevolution ihrerseits eine „Revolution von oben" inszenierte, das heißt die konstitutionelle in eine parlamentarische Monarchie verwandelte. Wilson begründete auch in diesem Bereich eine amerikanische Tradition, die Verbindung von militärischer Intervention und der Forderung nach einem Regimewechsel auch außerhalb der westlichen Hemisphäre.

Allerdings änderten weder das Ende des Kaiserreiches noch die Umwälzungen in Deutschland und die Konstituierung der Weimarer Republik etwas an den harten Friedensbedingungen für Deutschland. Im Gegenteil, mehrere Faktoren verstärkten die Tendenz Wilsons zu einem Straffrieden: seine 1917 erworbene Einsicht, dass Deutschland für den Ausbruch des europäischen Krieges allein verantwortlich gewesen sei – nach Ansicht Clemenceaus die Ansicht der gesamten zivilisierten Welt –, seine im Laufe der Pariser Konferenz wachsende Überzeugung, dass das neue Deutschland nur das alte in neuer Verkleidung repräsentiere, die Rücksichtnahme auf die Leidenschaften der Völker, die öffentliche Meinung in den Siegernationen sowie die Strategien und Interessen der Verbündeten, vor allem die mögliche Gefährdung des Völkerbundes und seiner Rolle als „arbiter mundi" durch den Hass und die Kritik, die ihm aus Deutschland entgegenschlugen.

Auf der anderen Seite sollte der Straf- und Rachefrieden nicht zu einem Karthago am Rhein führen. Das Selbstbestimmungsrecht und Überlegungen zur zukünftigen Gesamtarchitektur Europas, auch die Furcht vor der bolschewistischen Gefahr, hielten ihn davon ab, die Einheit eines deutschen Nationalstaates in Frage zu stellen, die Bismarcksche Reichsgründung rückgängig zu machen und Frankreich zu erlauben, die linksrheinischen Gebiete auf Dauer von Deutschland abzutrennen. Während der Pariser Konferenz musste er praktizieren, was er selbst als das Erzübel des europäischen Mächtesystems angeprangert hatte und durch den Völkerbund überwinden wollte: das Prinzip des Gleichgewichts der Mächte. Machtpolitisch besehen, könnte man schon Wilsons Europapolitik als Politik einer dreifachen Eindämmung charakterisieren: nämlich als Eindämmung der sowjetischen und deutschen Gefahr in Europa, verbunden mit dem Wunsch, Frankreichs Sicherheitsängsten entgegenzukommen, ohne das Land zur neuen Hegemonialmacht in Europa aufsteigen zu lassen.

Alle Gebrechen und Ungerechtigkeiten der Pariser Vorortsverträge, die Wilson sehr genau kannte, aber nicht ändern konnte, weil er nach dem Ende des Krieges zu wenig Machtmittel besaß, um die Politik Englands und Frankreichs zu beeinflussen, wurden für ihn durch die Gründung des Völkerbundes aufgewogen. Diesem neuen revolutionären Instrument der Weltpolitik wollte er sowohl die etwa notwendig werdenden Revisionen des Versailler Vertrages als auch die Sicherung des zukünftigen Weltfriedens anvertrauen. Selbst Deutschland, das ironischerweise Zwangsgründer, aber nicht Mitglied des Bundes wurde, sollte, so der Presbyterianer Wilson, nach einer Phase der Reue, Buße und Besserung in den Kreis der Nationen zurückkehren und sich als liberal-kapitalistische Demokratie mittlerer Größenordnung, als Klein-Amerika in Europa, bewähren dürfen.

Der Grundgedanke des Völkerbundes war getragen von Wilsons aufklärerischem Fortschrittsglauben, der die grundsätzliche Möglichkeit einer „öffentlichen" Diplomatie und eines friedlich-schiedlichen Konfliktaustrages zwischen den Nationen voraussetzte. Wie einst der deutsche Philosoph Immanuel Kant fragte er sich, wie es in der internationalen Politik weitergehen musste, wenn es vernünftig weitergehen sollte: Alle Völker der Erde, die idealiter ihre Regierungen und Grenzen durch freie Wahlen selbst bestimmen, versammeln sich als gleichberechtigte Mitglieder in der Vollversammlung des Völkerbundes. Ihre äußere Sicherheit garantieren sie gemeinsam: Alle Mitglieder verpflichten sich, die Unabhängigkeit, das heißt die Freiheit und territoriale Integrität, aller anderen Mitglieder gegen eine „Aggression von außen" zu schützen. Wie Kant rechtfertige auch Wilson die Ideen des Völkerrechts und des Völkerbundes aus der Idee der Freiheit. Wie Kant hatte auch Wilson erkannt, dass das Recht notfalls durch Macht erzwungen werden musste. Deshalb sollte es neben dem Plenum einen Rat der fünf Großmächte geben, die die notwendigen Maßnahmen zur Erhaltung des Friedens ergreifen sollten.

Soweit die Utopie. Praktisch wurde aber in Paris sehr bald Geheimdiplomatie betrieben und das Selbstbestimmungsrecht serienweise verletzt. Vor allem war kein Staat bereit, das sichtbarste Zeichen staatlicher Souveränität, das Monopol legitimer Gewaltsamkeit, an eine kollektive Weltarmee abzugeben. Auch Wilson musste der Idee einer Völkerbundsarmee widersprechen, weil nach der amerikanischen Verfassung nur der Kongress das Recht hat, Krieg zu erklären. Der amerikanische Präsident scheiterte schon in Paris. Dennoch ruinierte Wilson seine Gesundheit nach der Rückkehr in die USA im Kampf um diesen „zahnlosen" Völkerbund.

Eine Mehrheit der Senatoren wollte diesen Entwurf nicht ohne Änderungen unterzeichnen, die die nationalen Reservatsrechte der USA schützen und die traditionelle Angst der Isolationisten vor einem „verstrickenden Bündnis" überwinden sollten. Der ebenso prinzipienfeste wie starrsinnige Wilson verlor seinen Kampf um eine neue Weltordnung ein zweites Mal, diesmal zu Hause. Der farblose Präsidentschaftskandidat der Republikaner, Harding, gewann 1920 die Wahlen mit dem bezeichnenden Slogan „Zurück zur Normalität". Außenpolitisch bedeutete das die Rückkehr zur Politik der „freien Hand" und des bündnispolitischen Isolationismus.

Summa Summarum: 1914 war Europa unfähig gewesen, den Frieden zu erhalten, 1916 unfähig, ihn auf der Basis des Status quo ante und eines Friedens ohne Sieger wiederherzustellen. 1919 scheiterte der Versuch der USA, es mit den europäischen Siegermächten besser zu machen. Die USA hatten zwar durch ihren Eintritt in einen europäischen Krieg Deutschlands Griff nach der Weltmacht und der Hegemonie in Europa verhindert, aber an die Stelle des zusammengebrochenen Gleichgewichtssystems der europäischen Mächte trat nicht, wie es Wilson seinem Volk und der Welt versprochen hatte, ein besseres System der kollektiven Sicherheit, sondern ein im Kern funktionsunfähiger und amputierter Völkerbund, in dem die USA, die Sowjetunion und Deutschland fehlten. Es gab weder ein neues Gleichgewicht noch ein allgemein anerkanntes Prinzip der Legitimität. Der Deutschland ultimativ aufgezwungene Friedensvertrag von Versailles, dessen Strukturschwächen an dieser Stelle nicht behandelt werden können, stiftete schon deshalb keinen Frieden, weil er weder ein reiner Macht- noch ein reiner Rechtsfrieden, sondern ein unheilvoller Zwitter war. Wie bereits ein französischer Zeitgenosse richtig erkannte, war er zu milde für die Härten, die er enthielt.[8] Der Kalte Krieg zwischen Frankreich und Deutschland, der 1923 im heißen Ruhrkampf endete, war vorhersehbar. Für die versagenden Sieger war es kein Trost zu wissen, dass ein siegreiches deutsches Kaiserreich noch weit brutaler vorgegangen wäre und große Teile Europas unterjocht hätte.

III. Kapitel

Wirtschaftlicher Hegemon und politischer Rückzug

US-Außenpolitik, die Ordnungen von Versailles und Washington
und die Große Depression, 1920–1932

Die Ablehnung des Versailler Vertrages durch den Senat kann in
ihrer Bedeutung für die Weltpolitik zwischen 1919 und 1941
nicht hoch genug veranschlagt werden. Die USA wurden auf
der einen Seite durch den Ersten Weltkrieg zur stärksten Wirtschaftsmacht der Erde mit weltweiten Handelsinteressen und
einer globalen Außenwirtschaftspolitik. Sie weigerten sich auf
der anderen Seite strikt, das internationale System durch vorbeugende, dem Land die freie Hand nehmende Bündnisse zu
stabilisieren und kollektive Sicherheit im Rahmen des Völkerbundes mitzugestalten. Nach dem Ersten Weltkrieg waren die
USA in Eurasien wirtschaftlich anwesend, aber militärisch und
bündnispolitisch abwesend. Der jahrelangen Kriegspropagan-
da, den missionarischen Reden Wilsons, der Überdosis an Inter-
nationalimus und Europas überdrüssig, kehrten die Amerikaner zu der „großen Grundregel" Washingtons zurück, mit den
Ländern der Welt zwar die Handelsbeziehungen auszudehnen,
aber politisch so wenig wie möglich mit ihnen in Berührung zu
kommen. Zwar erkannten die USA als Sieger des Krieges
grundsätzlich den neuen Status quo des internationalen Systems an, wie er in den Verträgen von Paris (1919) für Europa
und in den Verträgen von Washington (1922) für Ostasien fest-
geschrieben wurde, sie besaßen aber nicht den Willen, ihn
militärisch und bündnispolitisch zu verteidigen. Sie hofften,
dass internationale Verträge, die öffentliche Meinung der Welt
und wirtschaftliche Einflussnahme einen friedlichen Wandel
garantieren könnten.

Doch selbst die Politik der wirtschaftlichen Stabilisierung betrieben die USA nur halbherzig, weil sie trotz ihres gewaltigen wirtschaftlichen Gewichtes nicht bereit waren, den Spielregeln des Freihandels zu folgen und sich als neuer Garant der Weltwirtschaft an die Stelle Englands zu setzen. Die große Weltwirtschaftkrise von 1929–32 nahm den USA auch noch die verbliebenen außenwirtschaftlichen Mittel, um die Entwicklungen in Europa und Asien zu beeinflussen. Als daher das nationalsozialistische Dritte Reich, das von den Militärs getriebene Japan und das faschistische Italien in den 30er Jahren ihre Expansionspolitik begannen, waren die USA weder fähig noch willens, den Aggressoren entgegenzutreten. In den Anfangsjahren des Dritten Reiches waren die USA politisch von Europa so weit entfernt wie in der Mitte des 19. Jahrhunderts.

Die USA, die durch den Ersten Weltkrieg zur führenden Wirtschafts- und Handelsmacht der Erde geworden waren, bauten diese Position in den 20er Jahren weiter aus: Sie vergrößerten ihren Vorsprung als Produzent und wurden zum größten Exporteur und zum größten Verbraucher von Rohstoffen. Der Anteil an der Weltproduktion industrieller Güter wuchs von 35,8 % im Jahre 1913 auf 46 % im Durchschnitt der Jahre 1925 bis 1929. Das Nationaleinkommen der USA war, in Dollar gemessen, ebenso hoch wie das der nächsten 23 Nationen zusammen, einschließlich Großbritanniens, Deutschlands, Frankreichs, Japans und Kanadas.[1] New York wurde neben London zum zweiten Finanzzentrum der Welt, das Weltwirtschaftssystem wurde bizentrisch, wenn nicht sogar amerikazentrisch.

Der für den Welthandel und für das amerikanisch-europäische Verhältnis vielleicht folgenreichste Faktor war der abrupte Wechsel der USA von einer Schuldner- zu einer Gläubigernation. Durch die Nettoexportüberschüsse der USA und die Kriegsanleihen war das Ausland im Jahre 1919 mit 12,5 Mrd. Dollar verschuldet, und diese Verschuldung wuchs dank der amerikanischen Außenhandelspolitik in den 20er Jahren weiter. 1929, im Jahr des Ausbruchs der Weltwirtschaftskrise, näherten sich die öffentlichen und privaten Forderungen der USA an das Ausland der Grenze von 20 Milliarden.[2] Diese Verschuldung führte zu der latenten Dollarknappheit der 20er Jahre, die durch die lang- und kurzfristigen Kredite der USA im Grunde nur künstlich überbrückt wurde. Die weltweite Kreditgewährung durch amerikanische Gläubiger wurde in den 20er Jahren ein Grundpfeiler des internationalen Währungssystems, weil das Ausland keine andere Wahl hatte, als damit seine auch nach dem Krieg anhaltenden Importüberschüsse und die Rückzahlung der Schulden an die USA zu finanzieren. Denn die von republikanischen Mehrheiten beherrschten Kongresse der Nachkriegszeit waren keineswegs gewillt, die traditionelle Schutzzollpolitik aufzugeben.

Das bedeutete: Die neue dominierende Wirtschaftsmacht war – anders als England im 19. Jahrhundert – trotz aller liberalen Rhetorik nie bereit, die Spielregeln des freien Wettbewerbs zu befolgen, die Einfuhren zu liberalisieren und das Prinzip der „offenen Tür", das man von anderen ständig einforderte, auch auf sich selbst anzuwenden. Die USA setzten damit ihre traditionelle Politik fort, obwohl sich ihre Position und ihr weltwirtschaftliches Gewicht grundlegend verändert hatten.

Diese Inkonsistenz, dieser Gegensatz von liberaler Theorie und protektionistischer Praxis, der für den zurückblickenden Historiker eine zentrale Strukturschwäche der Weltwirtschaft und eine wichtige Ursache für die Schwere der Weltwirtschaftskrise war, verstärkte sich noch, weil die USA nicht nur durch erhöhte Schutzzölle dem Ausland langfristig das einzige Mittel nahmen, um durch den Erwerb von Devisen seine Schulden zu bezahlen, sondern gleichzeitig auf der Rückzahlung der Kriegsschulden bestanden und eine aktive Exportoffensive für Kapital und Güter betrieben sowie durch eine geänderte Handelsvertragspolitik das Prinzip der unbedingten Meistbegünstigung auf den Handel mit den Industriestaaten ausdehnten.

Aus der Perspektive des Auslandes und des internationalen Gleichgewichtes war das widersinnig. Die Amerikaner wollten die jeweils beste aller Welten: Sie wollten sowohl Schutz gegen ausländische Konkurrenz als auch verstärkten Export, sowohl eine Nettogläubigerposition als auch prompte Bezahlung der Kriegsschulden: ... *to have their cake and eat it, too.*

Zwar hat es in den 20er Jahren in Wirtschaft und Politik der USA an vereinzelten Kritikern nicht gefehlt, aber keine Regierung konnte es angesichts des innenpolitischen Druckes und der öffentlichen Meinung in den USA wagen, eine andere Schutzzoll- und Kriegsschuldenpolitik einzuschlagen.

Erst als die Weltwirtschaftskrise über Amerika hereingebrochen war, wurden die Demokratische Partei und ihr Präsidentschaftskandidat Franklin D. Roosevelt nicht müde, die Außenhandelspolitik der Republikaner dafür mitverantwortlich zu machen.

Oberstes Ziel der stark von „big business" und „big finance" beeinflussten republikanischen Administrationen der 20er Jahre war, mit der wirtschaftlichen Position des Landes zugleich den offenen Weltmarkt für Exporte, Kredite und Rohstoffe im Rahmen einer stabilen, liberalen und kapitalistischen Weltfriedensordnung zu erhalten. Ein bezeichnender Grundsatz der Administration während der Präsidentschaft Warren Hardings (1921–1923) lautete: „Less government in business, more business in govemment". Als geeignete Mittel galten die Erneuerung des amerikanischen Handelsvertragssystems auf der Grundlage der unbedingten, multilateralen Meistbegünstigung, die Ermutigung amerikanischer Banken zur Kreditgewährung und Währungsstabilisierung sowie generell die Forderung nach rechtlicher Gleichbehandlung der USA auf den Auslandsmärkten, kurz die Politik der „offenen Tür" genannt.

Im Rahmen dieser Definition des nationalen Interesses der USA war der europäische Markt zu wichtig, um ihn allein den Europäern zu überlassen. Die USA wollten nicht zusehen, wie der französisch-deutsche Konflikt um die deutschen Reparationszahlungen Europa in ein wirtschaftliches Chaos stürzte. Spätestens der Einmarsch der Franzosen und Belgier in das Ruhrgebiet im Jahre 1923 machte den Amerikanern klar, dass wichtige Interessen der USA auf dem Spiele standen und die Europäer ohne die USA weder das Reparationsproblem lösen noch zur wirtschaftlichen Stabilität zurückfinden würden. Allerdings konnten die Amerikaner so lange warten, bis der vermeintliche Sieger des Ruhrkampfes, der französische Ministerpräsident Poincaré, keine andere Wahl mehr hatte, als eine Lösung zu weitgehend amerikanischen Bedingungen zu akzeptieren. Diese wurde nicht von der US-Regierung direkt, sondern durch von ihr vorgeschlagene Geschäftsleute und Bankiers wie Charles G. Dawes und Owen D. Young formuliert und durchgesetzt.

Diese nur informelle, gleichwohl effektive wirtschaftliche Einflussnahme hatte hochbrisante, über die Wirtschaft hinausgehende Auswirkungen. Das konkrete Ergebnis der amerikanischen Stabilisierungspolitik in Deutschland war der bekannte Dawes-Plan aus dem Jahre 1924, der das Reparationsproblem mit Hilfe einer großen amerikanischen Anleihe, das heißt durch amerikanische Kredite, für eine Übergangszeit löste. Damit ging, wie ein Zeitgenosse ironisch bemerkte, die Dollarsonne über Deutschland auf – neben der britischen Sicherheitsgarantie im Vertrag von Locarno die wichtigste außenpolitische Grundlage für die Stabilitätsphase der Republik bis 1929. Der Dawes-Plan unterstellte einerseits Deutschland währungs- und finanzpolitisch ausländischer Kontrolle, andererseits sicherte er es vor stabilitätsgefährdenden Reparationszahlungen und vor zukünftigen militärischen Sanktionen Frankreichs. Die wirtschaftliche Sicherung durch den Dawes-Plan machte den politischen Sicherheitsvertrag von Locarno, Deutschlands Eintritt in den Völkerbund und die Räumung des Rheinlandes erst möglich. Die wirtschaftliche Intervention der USA durch den Dawes-Plan war der Anfang vom Ende der politischen Vorherrschaft Frankreichs in Mitteleuropa nach dem Ersten Weltkrieg. Deutschland wurde mit amerikanischer Hilfe aus der hilflosen Objektrolle des Jahres 1919 befreit.

Wie nach 1945, als die Amerikaner in Konrad Adenauer eine politische Potenz für ihre Politik der deutschen Westintegration fanden, gab es in der mittleren Phase der Weimarer Republik mit Gustav Stresemann einen Außenpolitiker von Format, der schon vor dem Ersten Weltkrieg die Bedeutung der USA und weltwirtschaftlicher Zusammenhänge für die deutsche Außenpolitik erkannt hatte und diese beiden Faktoren 1923–29 zur Achse seiner Außenpolitik machte. Weil alle kapitalistisch-marktwirtschaftlichen Staaten in einem Boot saßen, so sein Kalkül, lag die wirtschaftliche Genesung Deutschlands im wohlverstandenen Interesse der Feinde von gestern, besonders im Interesse der USA, die ihre Außenpolitik gegenüber Europa in dieser Zeit in erster Linie als Außenwirtschaftspolitik praktizierten. Diese ökonomische Rationalität würde sich aber, so Stresemann, nur durchsetzen, wenn Deutschland sich dem Prinzip des friedlichen Wandels verpflichte, strikt an der multilateralen und kooperativen Methode festhalte, die Interessen anderer Staaten, besonders die Sicherheitsinteressen Frankreichs, hinlänglich berücksichtige und innenpolitisch die nationalistische Rechte im Zaum halte.

Die zwar inkonsistente, dennoch globale Außenhandelspolitik der USA in den 20er Jahren besaß keine Entsprechung auf dem militärisch-bündnispolitischen Sektor. Der Senat hatte, wie schon erläutert, den Völkerbundsvertrag abgelehnt. Der amerikanisch-französische Bündnisvertrag, den Clemenceau Präsident Wilson in Paris abgerungen hatte und der einen zentralen Platz im französischen Sicherheitssystem gegen Deutschland einnehmen sollte, stieß auf so starke Ablehnung, dass er nicht einmal das Plenum des Senats erreichte: eine Entscheidung mit katastrophalen Rückwirkungen auf die deutsch-französischen Beziehungen nach dem Krieg. Die Franzosen fühlten sich von den Deutschen weiter bedroht und von den Angelsachsen verraten. Die USA wurden nicht Garantiemacht der Verträge von Locarno (1925). Den Briand-Kellogg-Kriegsächtungspakt aus dem Jahre 1928 konnten sie nur unterzeichnen, weil er keine Sanktionsklausel enthielt.

Analoges galt für die amerikanische Politik im Pazifik. Trotz der wachsenden Macht Japans hielten die USA, wie vor dem

Ersten Weltkrieg, an dem Grundsatz fest, sich auf keinen Fall in einen großen Landkrieg in Asien verwickeln zu lassen. Statt dessen unternahmen sie den großangelegten Versuch, den Aufstieg Japans per Vertrag zu stoppen, nämlich durch die Washingtoner Verträge von 1922, die zugleich dem Ziel dienten, das britisch-japanische Bündnis von 1902 zu annullieren. Der Aufstieg Japans zur Großmacht in Fernost hatte sich über die Annexion Formosas und der Inselgruppe der Pescadoren nach dem Japanisch-Chinesischen Krieg von 1894/95, über die Annexion Südsachalins, die Protektoratsgewalt über Korea und das mandschurische Machtgebiet auf der Liaotung-Halbinsel nach dem Russisch-Japanischen Krieg von 1904/05, die Annexion Koreas im Jahre 1910, über die Eroberung des deutschen Pachtgebietes in China, Kiautschau, sowie der Marianen-, Karolinen- und Marshall-Inseln im Herbst 1914, über den Gewinn einer politisch und wirtschaftliche starken Stellung in Nordchina und der inneren Mongolei durch die ultimativ erzwungene Annahme der „21 Forderungen" an China im Jahre 1915 und schließlich über die Stationierung japanischer Truppen in der nördlichen Mandschurei und in Sibirien nach der gemeinsamen alliierten Intervention in Russland im Jahre 1918 vollzogen.

Getrieben von einer starken Friedensbewegung in den USA und dem Unwillen der amerikanischen Steuerzahler, Geld für Rüstung auszugeben, gelang es US-Außenminister Hughes, die pazifischen Hauptmächte zu einer Konferenz in Washington zu versammeln und ein kompliziertes Vertragswerk zustande zu bringen: Die zukünftige Sicherheit im Pazifik sollte erstens durch Begrenzung der Flottenstärken der fünf maritimen Hauptmächte und das Festschreiben der gesamten Tonnage für Schlachtschiffe auf dem Verhältnis von 5:5:3:1,75:1,75 (USA, Großbritannien, Japan, Frankreich, Italien) sowie zweitens durch die Verpflichtung der USA, Großbritanniens und Japans, keine neuen Flottenstützpunkte oder Befestigungsanlagen im pazifischen Raum zu errichten, gewährleistet bleiben (Fünf-Mächte-Vertrag). Den politischen Status quo sollte der Vier-

Mächte-Vertrag zwischen den USA, Großbritannien, Japan und Frankreich sichern, in dem diese Staaten sich gegenseitig ihren Besitzstand im Pazifik garantierten. Damit konnte Japan das Gesicht wahren und nolens volens dem Ende des englisch-japanischen Bündnisses zustimmen. Es gelang den USA darüber hinaus, im Neun-Mächte-Vertrag das Grundaxiom ihrer Ostasienpolitik, die politische, territoriale und administrative Integrität Chinas, durchzusetzen und dem Prinzip der „offenen Tür" die Dignität des internationalen Rechts zu verleihen.[3]

Für die Annahme der Washingtoner Verträge im Senat war entscheidend, dass das ganze Bündel von Abkommen keine Bündnisverträge im klassischen Sinne darstellte, d. h. den Bündnisfall und ein aktives militärisches Eingreifen der USA nicht festlegte. Der geheiligte isolationistische Grundsatz „No Entangling Alliances" wurde gewahrt, die langfristige Wirksamkeit der Verträge hing vom guten Willen aller Unterzeichnerstaaten, besonders Japans, ab. Im übrigen war das ganze Vertragssystem nichts anderes als eine Festschreibung des tatsächlichen militärischen und politischen Status quo im Pazifik einschließlich der vertraglichen Verpflichtung der Mächte, an diesem Zustand nichts zu ändern. Geblieben war die potentielle Hegemonie Japans im westlichen Pazifik – alle Militärfachleute waren sich einig, dass auf der Basis dieser Verträge und der in ihnen festgeschriebenen Flottenstärken selbst eine kombinierte amerikanisch-britische Operation von Hawaii und Hongkong aus gegen Japan ohne Aussicht auf Erfolg war –, geblieben war die Unfähigkeit und Unwilligkeit der USA, ihre traditionelle Politik der „offenen Tür" in China mit militärischen Mitteln durchzusetzen.

Diese Grundstruktur der amerikanischen Asienpolitik änderte sich auch nicht, als sich die USA mit den außenpolitischen Folgen des neuerstarkten chinesischen Nationalismus auseinandersetzen mussten, der Ende der 20er Jahre zur Einigung des überwiegenden Teils von China durch Tschiang Kai-scheks Kuomintang und zu Konflikten erstens mit den westliehen Vertragsmächten, den Signatarstaaten der sogenannten ungleichen

Verträge aus dem 19. Jahrhundert, zweitens mit Rußland und drittens mit Japan führte. Die amerikanische Regierung hielt im Prinzip die Annullierung der ungleichen Verträge für gerechtfertigt, sie weigerte sich, wie im Boxeraufstand Truppen gegen China einzusetzen, sie erkannte als erste westliche Macht 1928 Tschiang Kai-schek an, revidierte gegen massiven Widerstand der amerikanischen Geschäftswelt einen Teil der ungleichen Verträge und bemühte sich insoweit, die Integrität und Souveränität Chinas zu schützen.

Diese Politik der Vereinigten Staaten führte folgerichtig zu einer diplomatischen Auseinandersetzung mit der Sowjetunion, als diese Truppen einsetzte, um gegen die Kuomintang ihren Einfluss in der Mandschurei zu wahren, und zu Protestnoten an die Adresse Japans, als die Japaner nach vielen vorausgegangenen japanisch-chinesischen Zwischenfällen im September 1931 die ganze Mandschurei besetzten und eroberten. Im Januar 1932 verkündete die Regierung Hoover durch Außenminister Stimson die Stimson-Doktrin[4], wonach die USA sich weigerten, durch Gewalt erzwungene Veränderungen des Status quo moralisch und rechtlich anzuerkennen. Die USA beriefen sich dabei auf den Neun-Mächte-Vertrag und den Briand-Kellogg-Kriegsächtungspakt. Obwohl diese Politik der Proteste absolut wirkungslos blieb, war besonders Präsident Herbert Hoover (1928–1933) mitten in der Weltwirtschaftskrise nicht zu bewegen, irgendwelche Sanktionen gegen Japan zu ergreifen.

Auch an der traditionell härteren und zu militärischer Intervention stets bereiten US-Politik in der westlichen Hemisphäre änderte sich im Ersten Weltkrieg und in den 20er Jahren zunächst nichts. Auch hier setzte sich die „Normalität" der Vorkriegsjahre fort. Die USA intervenierten u.a. in Mexiko, Nicaragua, Haiti, Panama, in der Dominikanischen Republik und in Honduras. Neben Europa wurde Lateinamerika in den 20er Jahren das überragende Zielgebiet für US-Investitionen und Kredite. Die mögliche Enteignung amerikanischen Eigentums (Mexiko) und die Rückstände im Schulden- und Zinsendienst der hochverschuldeten Staaten bildeten einen Zündstoff im US-lateinamerikanischen Verhältnis. Nach einer Übersicht aus dem Jahre 1924 waren nur sechs von zwanzig lateinamerikanischen Republiken frei vom dominierenden Einfluss der USA, in sechs Staaten hatten die USA ihre Interessen auch durch militärische Intervention gestützt. Erst der in Lateinamerika immer stärker werdende Hass auf die dominierende Supermacht im Norden und die zunehmende Isolierung der USA auf den panamerikanischen Konferenzen brachte Präsident Hoover zu der Einsicht, dass es ratsam sei, das Verhältnis zu diesen Staaten auf eine neue Grundlage zu stellen. Voraussetzung dafür war der von allen lateinamerikanischen Staaten immer wieder geforderte, ausdrückliche Verzicht auf weitere militärische Interventionen in der westlichen Hemisphäre. Diese Forderung lief auf eine strukturelle Anpassung der US-amerikanischen Lateinamerikapolitik an die Politik gegenüber den Staaten Eurasiens und eine Gleichbehandlung des Subkontinents hinaus. In Hoovers Amtszeit wurden – auch unter dem Druck der großen Weltwirtschaftskrise – verschiedene Schritte unternommen, die zur Folge hatten, dass die USA de facto auf weitere Interventionen verzichteten, während der ausdrückliche Verzicht erst von Hoovers Nachfolger, Präsident Franklin Delano Roosevelt (1933–45), ausgesprochen wurde. Er bildete den Kern von Roosevelts berühmter „Politik der guten Nachbarschaft" gegenüber Lateinamerika.

Mit dem Verzieht auf militärische Eingriffe in Lateinamerika war der bündnispolitische und militärische Rückzug auf die kontinentalen USA komplett. Weder in Lateinamerika noch in Europa und Asien kam die Macht der USA aus den Gewehren. Dank der ungefährdeten Lage des Landes zwischen Atlantik und Pazifik und eines zwar prekären, aber insgesamt vorhandenen Gleichgewichts der Kräfte in Europa und Asien konnten sich die USA, wie vor dem Ersten Weltkrieg, eine Politik der „freien Hand" leisten; die von den USA völkerrechtlich erst 1933 anerkannte Sowjetunion wurde nach dem Ende von Lenins revolutionärem Internationalismus nicht länger als strategische Gefahr angesehen. Dieser Rückzug korrespondierte mit einer populären und einflussreichen Bewegung für Frieden, Abrüstung und Kriegsächtung in den USA, die gleichermaßen aus der Erinnerung an die Grauen und die sinnlosen Opfer des Ersten Weltkriegs als auch aus einer moralischen Verachtung für das – aus der Perspektive vieler Amerikaner – hoffnungslos korrupte Europa gespeist wurde. Der verbliebene Einfluss der USA in den 20er Jahren resultierte allein aus der dominierenden Stellung in der Weltwirtschaft, verbunden mit einem neuen kulturellen Einfluss (z. B. Film, Radio, Musik, Sport, Architektur), der ursächlich mit der technisch-industriellen Dominanz des Landes zusammenhing. Die USA wurden zum beneideten und zugleich verhassten Symbol für Fortschritt und Modernisierung.

Diese überragende Stellung der USA in der Weltwirtschaft brach in und mit der Großen Depression von 1929–33 zusammen, in der schwersten Krise seit dem Beginn der industriellen Revolution. Auch für die USA wurde die Depression zur Wasserscheide des Jahrhunderts, und zwar innen- wie außenpolitisch. Die Krise zerstörte mit dem offenen Weltmarkt zugleich die dominante Position der USA in der Weltwirtschaft und die Grundlagen der amerikanischen Außenwirtschaftspolitik. Auf den bündnispolitischen und militärischen Rückzug folgte schließlich der außenwirtschaftliche Einflussverlust.

Der Initialschock wurde durch den New Yorker Börsenkrach im Oktober 1929 ausgelöst, und der Zusammenbruch in Amerika zeigte sofort weltweite Wirkung. Der drastische Rückgang der Rohstoffimporte und der Rückzug des amerikanischen Kapitals verschlimmerten die Krise in Europa, Lateinamerika und anderen Teilen der Welt. Die Krisen im Ausland schlugen auf Amerika zurück, und schließlich drehte sich die Spirale der Depression in einem weltweiten Interaktionsprozess nach unten, bis sie Mitte 1932 ihren Tiefpunkt erreicht hatte. Die wirtschaftlichen Folgen waren ein reduzierter Welthandel, der Zusammenbruch des einheitlichen Weltwährungssystems im Sommer 1931, gesunkene Produktion, geschrumpfte Nationaleinkommen, Massenarbeitslosigkeit und ein in Trümmern liegendes Welthandelssystem, das durch eine neue Ära des Protektionismus und Bilateralismus abgelöst wurde. Als Präsident Franklin Delano Roosevelt am 4. März 1933 sein Amt antrat, befand sich das Land in einer beispiellosen Krise, die alle seine Energien absorbierte. Roosevelt war zunächst entschlossen, zur Überwindung der Krise ganz auf nationale und binnenwirtschaftliche Maßnahmen zu setzen, auf seine Reformstrategie des *New Deal*. Folgerichtig ließ er Anfang Juli 1933 eine nach London einberufene Weltwirtschaftskonferenz durch seine „bombshell message" platzen. Die Substanz der für die amerikanische Innenpolitik formulierten Botschaft war Amerikas Absage an eine internationale Zusammenarbeit in Währungsfragen, diesen, so Roosevelt, alten „Fetisch der sogenannten internationalen Bankiers".[5]

IV. Kapitel

Der schlafende Riese

US-Außenpolitik in der Isolation 1933–1941

Präsident Roosevelt, die amerikanische Regierung und die überragende Mehrheit des amerikanischen Volkes besaßen deshalb weder den Willen noch die Mittel, um in Europa und Asien einzugreifen, als die Weltgeschichte in den 30er Jahren in einen jener beschleunigten Prozesse geriet, der Jacob Burckhardt globales Anschauungsmaterial für seine Betrachtungen geschichtlicher Krisen zur Verfügung gestellt hätte. Schon die Chronologie der wichtigsten Ereignisse vermittelt einen Eindruck von dieser Geschwindigkeit: Im September 1931 beginnt Japan in der Mandschurei seine Expansion in Ostasien; im März 1935 entledigt sich Deutschland der Rüstungsbeschränkungen des Versailler Vertrages und führt die allgemeine Wehrpflicht ein; im Oktober 1935 greift Italien Äthiopien an; im Januar 1936 verlassen die Japaner die Londoner Flottenkonferenz; im März 1936 remilitarisiert Deutschland das Rheinland; im Juli 1936 beginnt der Spanische Bürgerkrieg; im Oktober 1936 führt eine deutsch-italienische Übereinkunft zur „Achse Berlin-Rom"; im November 1936 unterzeichnen Japan und Deutschland den Antikominternpakt, ab 1. Januar 1937 ist Japan rechtlich nicht länger an den Fünf-Mächte-Vertrag von 1922 und das Londoner Flottenabkommen von 1930 gebunden. Im Juli beginnt der Japanisch-Chinesische Krieg; im November 1937 tritt Italien dem Antikominternpakt bei; im März 1938 marschieren deutsche Truppen in Österreich ein; am 29. September 1938 streicht Hitler im Münchener Abkommen die Gewinne eines Sieges ohne Krieg ein; am 3. November 1938 proklamiert der japanische Ministerpräsident Konoye nach der Besetzung der chinesischen Nordprovinzen und aller wichtiger Küstenstädte durch

63

japanische Truppen eine „Neue Ordnung" für Ostasien. Im Februar 1939 besetzt Japan die Insel Hainan; im März 1939 marschieren deutsche Truppen in die „Resttschechei" und in das Memelgebiet ein; im April 1939 besetzt Italien Albanien; im Mai 1939 schließen Deutschland und Italien ein Militärbündnis, den „Stahlpakt"; am 23. August 1939 wird die Welt vom deutsch-sowjetischen Nichtangriffspakt überrascht. Mit dem Angriff Deutschlands auf Polen am 1. September 1939 bricht der europäische Krieg aus.

Die immer unverkennbarer auf Expansion zielenden Außenpolitiken Deutschlands, Japans und Italiens führten zunächst nicht zu einer präventiven Interventionspolitik der USA in Europa und Asien, sondern im Gegenteil zu einer Verstärkung der Grundstimmung des amerikanischen Volkes, sich angesichts dieser Gefahrensignale noch entschiedener von Europa und Asien zu isolieren. Diese Abwendung von Eurasien ist die wichtigste Determinante der tatsächlichen amerikanischen Außenpolitik bis zum Ausbruch des europäischen Krieges im Jahre 1939, weil die Mehrheit des Kongresses diese Stimmung und die in ihr enthaltenen Urteile über die vitalen Interessen der USA teilte. Ab 1937 begannen allerdings Roosevelt und andere Internationalisten, in einer teils verdeckten, teils offenen Kampagne die Voraussetzungen des Isolationismus in Frage zu stellen. Die leidenschaftliche Debatte zwischen Isolationisten und Internationalisten wurde zum vierten Mal im 20. Jahrhundert – nach 1898, 1914–17 und 1920 – von der Frage geprägt, ob sich die USA mit der Rolle einer regionalen Großmacht in der westlichen Hemisphäre bescheiden oder ob sie durch einen erneuten Kriegseintritt in Europa und Asien eine Weltmachtrolle – eventuell sogar eine Weltführungsrolle – übernehmen sollten. Die unterschiedliche Einschätzung des Bedrohungspotentials Hitlers und des nationalsozialistischen Deutschland, weniger Japans, für die USA nahm in dieser Debatte einen zentralen Platz ein. Weil es aufgrund der ungefährdeten Sicherheitslage der USA zwischen Atlantik und Pazifik keine klare und unmittelbare Gefahr für die kontinentalen USA gab, konnte sich die Nation wie 1914–17 den demokratischen Luxus leisten, einige Jahre darüber zu diskutieren, ob die vitalen Interessen des Landes gefährdet seien oder nicht.

Was Deutschland, Italien und Japan später im Jahre 1940 mit dem Dreimächtepakt vergeblich versuchten, nämlich Amerika aus Europa und Asien herauszuhalten und in die westliche Hemisphäre zurückzuschrecken, das tat der amerikanische Kongress Mitte der 30er Jahre durch Verabschiedung von Neutralitätsgesetzen zunächst selbst.

Unter dem Druck der öffentlichen Meinung führte er den nach Versailles begonnenen Prozess der politischen Isolierung von Europa und Asien zu seinem logischen und radikalen Ende. Durch die Neutralitätsgesetze von 1935–37 vervollständigte er den Index der für die Regierung Roosevelt in Kriegs- und Krisenzeiten verbotenen außenpolitischen Maßnahmen. Das rigorose dritte Neutralitätsgesetz vom 1. Mai 1937 enthielt ein unparteiisches Ausfuhrverbot für Waffen, Munition und Kriegsgerät; das Verbot von Anleihen an kriegsführende Staaten, das Verbot für amerikanische Bürger, auf Schiffen kriegsführender Nationen zu reisen; ferner das Verbot für amerikanische Handelsschiffe, Waren an kriegsführende Staaten zu transportieren; das Verbot, amerikanische Handelsschiffe zu bewaffnen, die den nicht verbotenen Handel mit kriegsführenden Staaten betrieben. Diese Verbote traten automatisch in Kraft, wenn der Präsident „fand", dass ein Kriegszustand zwischen Nationen bestand. War diese Feststellung einmal getroffen, beschränkte sich das Ermessen des Präsidenten auf die Cash-and-Carry-Klausel. Nach dieser Klausel war es den kriegsführenden Staaten gestattet, mit Ausnahme „tödlicher Waffen" alle Waren in den USA zu kaufen, wenn diese vor dem Verlassen amerikanischer Häfen durch Barzahlung *(cash)* in das Eigentum der Ausländer übergegangen waren und von ihnen auf eigenen Schiffen abtransportiert *(carry)* wurden.

Da diese Klausel auf zwei Jahre begrenzt war, stand Roosevelt beim Ausbruch des europäischen Krieges im September 1939 selbst dieses Mittel nicht mehr zur Verfügung. Angesichts der Neutralitätsgesetze und der isolationistischen Mehrheitsmeinung – Anfang September 1939 antworteten laut Gallup-Umfrage 84 % der Interviewten auf die Frage, ob die USA ihre Armee und Flotte gegen Deutschland einsetzen sollten, mit „Nein"[1] – konnte die Regierung Roosevelt erst dann hoffen, eine aktive Europa- und Asienpolitik betreiben zu können, wenn sie die Mehrheit der Amerikaner davon überzeugt hatte, dass die vitalen Interessen der USA durch die Achsenmächte und Japan bedroht waren. Genau das war seit 1937 die zentrale Aussage des Präsidenten in dem innenpolitischen Kampf mit den Isolationisten, der erst durch Pearl Harbor beendet wurde. Je mehr Länder durch Deutschland, Italien und Japan angegriffen und überfallen wurden, desto plausibler klangen Roosevelts Warnungen.

Der Kern dieses innenpolitischen Konfliktes waren nun nicht die moralischen und demokratischen Probleme, ob Roosevelt das amerikanische Volk in der Frage von Krieg und Frieden taktisch behandelte, ihm Teile der Wahrheit verschwieg oder es gar belog (alles das tat er), oder ob die Isolationisten Roosevelts Motive überzeichneten und ihn zum Kriegstreiber mit diktatorischen Neigungen abstempelten (das taten sie), sondern der unüberbrückbare Gegensatz zwischen beiden Lagern über die aktuelle und zukünftige Stellung der USA in der Welt. Die Isolationisten beschränkten das vitale, das heißt notfalls mit Waffengewalt zu verteidigende Interesse der USA auf die westliche Hemisphäre, den östlichen Pazifik und den westlichen Atlantik, im geographischen Sinne auf knapp die Hälfte des Erdballs. Als Konsequenz dieser Definition des amerikanischen Interesses traten die Isolationisten entschieden dafür ein, dass die USA nicht in den europäischen Krieg eingriffen. Solange die USA selbst nicht angegriffen würden, war nach Ansicht der Isolationisten ein Kriegseintritt der USA nicht zu rechtfertigen, was auch immer in Europa und Asien geschehe. Die Übel, die für die USA daraus erwüchsen, seien größer als die Konsequenzen eines Sieges der Achsenmächte.

Der Erste Weltkrieg und seine Folgen waren für viele Isolationisten ein schlagendes Beispiel für die völlige Nutzlosigkeit, das Geschehen im alten, moralisch verrotteten und immer wieder von Kriegen erschütterten Europa mitbestimmen zu wollen. Hatte die Entwicklung seit 1919 nicht überzeugend bewiesen, wie richtig die traditionelle Politik der USA, sich aus den Händeln der Alten Welt herauszuhalten, im 19. Jahrhundert gewesen war? Hatte nicht der Untersuchungsausschuß unter Vorsitz des Senators Gerald P. Nye in den Jahren 1934/35 vor aller Öffentlichkeit demonstriert, dass die amerikanische Nation von den internationalen Bankiers und der Rüstungsindustrie, den „Kaufleuten des Todes", in den Ersten Weltkrieg hineingezogen worden war? Anstatt noch einmal die Rolle des Weltpolizisten zu spielen und für das Britische Empire die Kastanien aus dem Feuer zu holen, sollten sich die USA wieder an die kluge Abschiedsbotschaft George Washingtons erinnern, in der er der Nation geraten hatte, sich aus Europas Kriegen herauszuhalten.

Die Sicherheit der USA sei, so die Isolationisten, durch Hitler nicht gefährdet, ein in defensiver Absicht bis an die Zähne bewaffnetes Amerika, eine „Festung Amerika" im Besitz einer Zwei-Ozean-Flotte, sei für jeden Angreifer uneinnehmbar. Durch die Reden des Präsidenten und durch die Sprecher der Regierung werde eine hysterische Furcht vor einer Invasion der Nazis geschürt. Aussagen wie die des ehemaligen amerikanischen Botschafters in Frankreich, Bullitt, Hitler werde nach einem Fall Englands in die Unabhängigkeitshalle von Philadelphia einmarschieren, seien nichts als Kriegstreiberei. Auch wirtschaftlich könnten die USA, so argumentierten die Isolationisten, den Verlust der Märkte in Europa und Asien verkraften. Selbst nach einem Sieg in Europa könne Hitler keineswegs die Handelsbedingungen diktieren. Außerdem bringe eine Steigerung des Binnenhandels um nur 5 % mehr Dollars ein, als ein Anwachsen des Außenhandels um 100 %. Alles in allem kamen die Isolationisten zu dem Ergebnis, dass die USA keiner eindeutigen und unmittelbaren Gefahr ausgesetzt seien und folglich kein Grund für eine Einmischung vorliege.

Die Internationalisten dagegen, an ihrer Spitze Roosevelt, reduzierten das nationale Interesse der USA nicht auf die westliche Hemisphäre, sondern bestimmten es im globalen Maßstab, und zwar wirtschaftlich, militärisch und ideell, ohne der isolationistischen Mehrheit bis Pearl Harbor zu sagen, dass ein Kriegseintritt der USA die notwendige Folge dieser Bestimmung des nationalen Interesses sein musste.

Schon etwa seit 1934, seit der Verkündigung des neuen Außenhandelsgesetzes der USA, hatte sich ein handelspolitischer Gegensatz zwischen den USA und den späteren Aggressornationen entwickelt, der durch die militärischen Erfolge dieser Mächte eine qualitativ neue, nämlich die Kriegsbereitschaft der USA fördernde Funktion gewann. Mit jedem militärischen Erfolg rückte eine mögliche ökonomische Zukunft näher, deren Verwirklichung in den Augen Roosevelts und der Internationalisten die Katastrophe für die amerikanische Wirtschaft schlechthin bedeutet hätte. Ihre Grundstruktur sei mit wenigen Sätzen nachgezeichnet: Ein Sieg Hitlers und Italiens in Europa und Japans im Fernen Osten würde beide Regionen in ein System fast autarker Planwirtschaften zwingen. Die USA würden ihre Investoren verlieren, das Handelsvolumen würde drastisch fallen und Außenhandel, wenn überhaupt, zu den Bedingungen der Achsenmächte stattfinden. Südamerika, der natürliche Lieferant Europas, würde zusehends unter den Einfluss von Hitlers Europa geraten. Durch das Schrumpfen der Import- und Exportindustrie der USA und die damit verbundenen sekundären Effekte auf die gesamte Volkswirtschaft würde sich das vom *New Deal* nicht gelöste Arbeitslosenproblem radikal zuspitzen und soziale Spannungen erzeugen, die im Rahmen des bestehenden Systems nicht gelöst werden könnten. Mit anderen Worten: Für die Internationalisten war der offene, ungeteilte Weltmarkt eine der Grundbedingungen für das Überleben des amerikanischen Systems.

Neben wirtschaftlichen Argumenten spielte auch der militärische Aspekt eine wesentliche Rolle: Zu Beginn der Präsidentschaft Roosevelts umfasste die amerikanische Sicherheitszone –

wie seit 1898 – die westliche Hemisphäre und den halben Pazifik, insgesamt ein Drittel des Erdballs. Seit dem Münchener Abkommen (1938) zwischen dem Deutschen Reich, Großbritannien, Italien und Frankreich und der fast gleichzeitigen Verkündigung einer „neuen Ordnung" in Ostasien durch Japan schob Roosevelt die Grenzen der Sicherheit der USA immer weiter hinaus, bis sie spätestens 1941 mit dem Pacht- und Leihprogramm globale Dimensionen im wörtlichen Sinne angenommen hatten. Die Ausdehnung lag in der Überzeugung begründet, dass das letzte Ziel der Achsenmächte, besonders Hitlers, die Eroberung der Welt – einschließlich der USA – sei. Im April 1941 teilte die Mehrheit der Amerikaner diese Einschätzung Roosevelts. Laut Umfrage waren sogar 52,9 % der Bevölkerung der Ansicht, dass nach einem Fall Englands und der Ausschaltung der englischen Flotte Hitler tatsächlich fähig sei, eine Invasion der USA erfolgreich durchzuführen.[2]

Einer der Eckpfeiler dieser Neuorientierung war eben eine neue Bestimmung der Sicherheitsgrenzen der USA: Eine Beschränkung auf die Verteidigung der westlichen Hemisphäre sei selbstmörderisch; ohne die Kontrolle der Weltmeere glichen diese „highways" – so ein oft gebrauchter Vergleich Roosevelts –, die die Achsenmächte jederzeit zum Angriff auf die USA nutzen könnten. Eine Kontrolle der Meere könne aber nicht von der US-Flotte allein geleistet werden; sie sei nur möglich, wenn Europa und Asien nicht von den Achsenmächten beherrscht würden und ihnen die Schiffsbaukapazitäten zweier Kontinente zur Verfügung stünden. Frankreich, England und China – seit Mitte 1941 auch die Sowjetunion – müssten unterstützt werden, weil sie stellvertretend die USA mitverteidigten. Auch im militärischen Sinne hätten die USA ein vitales Interesse an der Wiederherstellung des Gleichgewichts der Kräfte in Europa und Asien.

Die dritte globale Komponente in der Bestimmung des nationalen Interesse der USA vor Eintritt in den Zweiten Weltkrieg war die ideelle. In fast ermüdender Wiederholung hat Roosevelt immer wieder erklärt: Das Recht der Völker auf freie

Selbstbestimmung und die Pflicht der Staaten, sich in der internationalen Politik den Grundsätzen des Völkerrechts zu unterstellen, seien unteilbar. Diese Prinzipien müssten für alle Staaten überall auf der Welt uneingeschränkt gelten, Gewalt und Aggression als Mittel zur Veränderung des Status quo seien illegitim. Die Regierung Roosevelt hatte sich die Stimson-Doktrin aus dem Jahre 1932 uneingeschränkt zu eigen gemacht, nach der die USA gewaltsame Veränderungen nicht anerkennen würden. Im Selbstverständnis Roosevelts war die heraufziehende Auseinandersetzung mit den Achsenmächten nie nur ein Konflikt zwischen den „Habenden" und den „Habenichtsen". Er deutete ihn als einen epochalen Kampf um die zukünftige Gestalt der Welt zwischen Aggressoren und friedlichen Nationen, zwischen liberaler Demokratie und Faschismus, zwischen westlicher, christlich-humanistischer Zivilisation und Barbarei, zwischen Bürgern und Verbrechern. Zum zweiten Mal in diesem Jahrhundert saß ein Deutschland, dieses Mal das nationalsozialistische Dritte Reich, in der manichäischen Falle des amerikanischen Sendungsbewusstseins.

Zusammenfassend kann man sagen, dass sich in Roosevelts Denken der ideelle und wirtschaftliche Globalismus der Freiheit (Wilsons „liberal globalism") mit einem neuen, durch die Entwicklung der Waffentechnik und durch die angenommenen Weltherrschaftspläne Hitlers bedingten Globalismus verband. Deshalb mussten die USA selbst in den Krieg eintreten, um sowohl die „neuen Ordnungen" in Europa und Asien zu zerstören als auch die eigene Position als zukünftige Weltmacht zu sichern. Die eigentümliche Dialektik amerikanischer Weltmachtpolitik im 20. Jahrhundert, nämlich die globale Definition des eigenen nationalen Interesses in Verbindung mit dem behaupteten Weltherrschaftswillen des Feindes, trat auch 1939–41 klar zutage. Es ist überdies bemerkenswert, dass Roosevelt vor dem Kriegseintritt der USA den beginnenden Völkermord an den Juden Europas öffentlich mit keinem Wort erwähnte.

Zeitgleich mit dem innenpolitischen Kampf, der die Regierung Roosevelt oft hart an den Rand von Niederlagen brachte –

so passierte am 12. August 1941 die Dienstzeitverlängerung der schon eingezogenen Wehrpflichtigen das Repräsentantenhaus nur mit einer Stimme Mehrheit –, vollzog sich der Aufbau der weltweiten Präsenz der USA vom Ausbruch des europäischen Krieges bis zum Dezember 1941. Seine wichtigsten Etappen waren die Proklamation einer Dreihundert-Meilen-Sicherheitszone um die gesamte westliche Hemisphäre durch die Erklärung der panamerikanischen Staaten am 3. Oktober 1939; die erneuerte Cash-and-Carry-Klausel im vierten Neutralitätsgesetz vom 4. November 1939, die das Waffenembargo aufhob und denjenigen Staaten den Kauf von Waffen ermöglichte, die diese gegen Barzahlung auf eigenen Schiffen abtransportieren konnten; der Tausch von 50 älteren amerikanischen Zerstörern gegen Militärbasen auf englischen Besitzungen von Neufundland bis Britisch-Guayana am 2. September 1940; das Pacht- und Leihgesetz vom 11. März 1941, das dem Präsidenten Generalermächtigung erteilte, alle irgendwie kriegswichtigen Waffen, Waren und Güter an jene Nationen zu verkaufen, zu verleihen oder zu verpachten, deren Verteidigung nach Ansicht des Präsidenten von „vitalem Interesse" für die Verteidigung der USA war; die geheimen britisch-amerikanischen Stabsbesprechungen im Februar und März 1941; das Treffen im Atlantik zwischen Roosevelt und Churchill im August 1941, auf dem die Atlantikcharta publiziert wurde; die Sicherung britischer Konvois durch die amerikanische Flotte ab dem 17. September 1941; der begrenzte und unerklärte Seekrieg zwischen Deutschland und den USA im Nordatlantik; und schließlich das Einfrieren der japanischen Guthaben in den USA am 26. Juli 1941, das – zusammen mit Sanktionen Großbritanniens und der Niederlande – praktisch ein weltweites Ölembargo bedeutete und Japan vor die Alternative Krieg oder Kapitulation stellte. Alle diese Schritte geschahen vor dem Hintergrund eines gewaltigen Aufrüstungsprogrammes, der Einführung der selektiven Wehrpflicht im Herbst 1940 und der Verkündung des „unbegrenzten nationalen Notstandes" durch Roosevelt am 27. März 1941.

Vor dem Kriegseintritt der USA standen amerikanische Truppen außerhalb der westlichen Hemisphäre und der insularen Besitzungen der USA auf Grönland, Island und in China. Roosevelt hatte – nach seiner Wiederwahl – die USA am 29. Dezember 1940 zum „Arsenal der Demokratie" bestimmt. Schon vor 1941 hatte er aufgrund seiner Generalermächtigung im Pacht- und Leihgesetz erklärt, die Verteidigung von Großbritannien, Indien, Burma, Australien, Neuseeland, Kanada, Südafrika, Südrhodesien (praktisch des ganzen Britischen Empire), von Griechenland, der Türkei, von Jugoslawien, Ägypten, von China und der Sowjetunion sei von „vitalem Interesse" für die Verteidigung der USA. Schon vor dem Überfall auf Pearl Harbor waren die USA einem militärischen Verteidigungs-, Kriegs- und Siegeskonzept verpflichtet – man kann es nur als Strategie einer „globalen Vorwärtsverteidigung" bezeichnen –, in dem sich der Unterschied von defensiv und offensiv im geographischen Sinne bis zur Unkenntlichkeit verwischt hatte. Für Roosevelt und die Internationalisten stand nicht mehr zur Debatte, ob die USA, sondern nur noch wie, wo und wann sie in den Krieg eintreten würden. Der Überfall der Japaner auf Pearl Harbor war deshalb von kaum zu überschätzender innenpolitischer Bedeutung und wog den Nachteil, dass der Kriegseintritt der USA, dessen Anlass Roosevelt bis zum Oktober 1941 im Atlantik vergeblich zu provozieren versucht hatte, zur falschen Zeit, am falschen Ort und unter zu großen Opfern geschah, bei weitem auf. Der Befürchtung, dass die globale schiefe Schlachtordnung der angelsächsischen Mächte mit ihrer „Germany-first"-Strategie im Atlantik und Europa gefährdet werden könnte, wurden die USA durch die Kriegserklärungen Deutschlands und Italiens am 11. Dezember 1941 enthoben.

V. Kapitel

Die entschlossene Supermacht

US-Außenpolitik im Zweiten Weltkrieg und in der bipolaren Welt
des Kalten Krieges, 1942–1968

Mit dem Kriegseintritt der USA stand der knapp 61jährige Präsident Franklin D. Roosevelt vor Aufgaben, die so sehr an seinen Kräften zehrten, dass sich ab 1944 für jedermann sichtbar ein körperlicher Verfall bemerkbar machte, obwohl sein Geist bis zu seinem Tod am 12. April 1945 intakt blieb.

Zu diesen Aufgaben gehörten die Umstellung seines Landes auf eine Kriegswirtschaft, die militärischen und bündnispolitischen Probleme der Großen Koalition gegen die Achsenmächte und Japan, die neuartige Konferenzdiplomatie im Krieg, die von Roosevelt mit Hingabe ausgefüllte Rolle des Oberbefehlshabers aller amerikanischen Streitkräfte, ab 1943 auch die Probleme der Behandlung der Feindstaaten nach dem erhofften Sieg und schließlich die große Frage, wie nach diesem Zweiten Weltkrieg eine dauerhafte Friedensordnung errichtet werden könnte. Alle diese Aufgaben mussten vom Präsidenten in ständiger Rechtfertigung gegenüber einer Gesellschaft gelöst werden, die dem Präsidenten selbst im Krieg keine freie Hand gab, sondern die Institutionen der Kritik wie selbstverständlich bestehen ließ. Die öffentliche Meinung, der Kongress, der parteipolitische Gegensatz zwischen Demokraten und Republikanern, schließlich die Präsidentschaftswahlen 1944 blieben auch im Krieg Faktoren, auf die Roosevelt in Wort und Tat Rücksicht zu nehmen hatte. Er war in dieser Hinsicht abhängiger als Churchill oder gar Stalin und Hitler.

Neben die Vielfalt der Probleme trat ihre oft globale Dimension. Im Krieg galt noch verstärkt, was Roosevelt schon 1941 formuliert hatte: Die Probleme der amerikanischen Außenpolitik seien so gewaltig und ineinander verflochten, dass jeder Versuch, sie nur darzustellen, ihn zwinge, in Beziehungen von fünf Kontinenten und sieben Meeren zu denken. Die USA führten Krieg im Atlantik und in Europa, im Mittelmeer und in Afrika, im Pazifik und in Asien. Sowohl die Hauptfeinde Deutschland, Japan und Italien als auch die Hauptverbündeten England und das Britische Empire, die Sowjetunion und China zwangen Roosevelt zum Denken in globalen Dimensionen. Wichtige Entscheidungen in Europa fielen mit Rücksicht auf Asien und umgekehrt. Hitlers Deutschland war zwar der Feind Nummer eins, spielte aber seit der sich abzeichnenden Niederlage eine zusehends geringere Rolle in der positiven Zukunftsplanung des Präsidenten und der amerikanischen Nation. Selbstverständlich mussten Nationalsozialismus und deutscher Militarismus für alle Zukunft ausgerottet werden. Die innen- und außenpolitischen Strukturen der globalen Supermacht USA mit ihrer massiven Präsenz in Europa und Asien bildeten sich im Zweiten Weltkrieg heraus.

Der Schock von Pearl Harbor erleichterte Roosevelt seine erste und dringendste Aufgabe, nämlich die Mobilisierung der amerikanischen Nation und die Umstellung der Industrie auf Kriegswirtschaft. Fast über Nacht gab es niemanden mehr, der nicht davon überzeugt war, dass die Vereinigten Staaten für eine große und gerechte Sache kämpften. Pearl Harbor widerlegte den Isolationismus schlagend – erst während des Vietnamkrieges wurde die Legitimität des amerikanischen Kriegseintrittes in den Zweiten Weltkrieg gelegentlich in Frage gestellt. Endlich – nach dem tiefen Fall der Weltwirtschaftskrise und den sehr bescheidenen Erfolgen der Reformmaßnahmen des *New Deal* konnte „The Great American Success Story" wieder fortgesetzt werden. Die Mobilisierung für den Krieg und die Rüstungsproduktion befreiten die amerikanische Wirtschaft aus einer zehnjährigen Krise und bereiteten den beiden großen Plagen der 30er Jahre – der Arbeitslosigkeit und den brachliegenden Produktionskapazitäten – ein Ende.

Begünstigt durch die strategisch ungefährdete Lage der USA, erlebte das amerikanische Volk den Zweiten Weltkrieg anders als etwa Chinesen, Deutsche, Engländer, Franzosen, Japaner, Polen und Russen. Amerika musste die Realitäten von Eroberung, Verwüstung und Besetzung, von Bombenangriffen, Terror und Zerstörung, von Ausrottung und Völkermord, von stürzenden Regierungen und sich auflösenden Staaten nicht selbst und nicht im eigenen Lande erfahren. Im Vergleich mit anderen Völkern durchlebte die amerikanische Nation auch keine Zeit wirtschaftlicher Not und Entbehrung. Obwohl einige Waren rationiert wurden, war die Kriegsökonomie der USA durch Vollbeschäftigung, relative Preisstabilität, wachsende Kaufkraft und sich überschlagende Produktionsrekorde gekennzeichnet. Von 1939 bis 1945 verdoppelte sich die Industrieproduktion. Ohne zum Mittel der zwangsweisen Dienstverpflichtung Zuflucht nehmen zu müssen, wurden 1944 18,7 Mill. mehr Menschen beschäftigt als 1939. Die Streitkräfte nahmen 11 Mill. Menschen auf, die Wirtschaft absorbierte 7,7 Mill. Von den 18,7 Mill. waren ungefähr 10 Mill. ein Zuwachs aus neuen Kräften, 8,7 Mill. stammten aus dem Heer der Arbeitslosen. Das Bruttosozialprodukt, das 1929 bereits 104 Mrd. Dollar erreicht hatte, 1933 auf 56 Mrd. abgesunken und bis zum Ende des Fiskaljahres 1939 (am 30. Juni 1940) wieder auf 91 Mrd. angestiegen war, erhöhte sich bis zum 30. Juni 1945 auf 211 Mrd. Dollar.[1] Die Verschuldung des Bundes, die sich 1933 auf 33 Mrd. und 1939 auf 40 Mrd. Dollar belaufen hatte, wuchs 1941 auf 48 Mrd., 1942 auf 72 Mrd., 1943 auf 136 Mrd., 1944 auf 201 Mrd. und 1945 auf 258 Mrd. Dollar an.[2] Die Schätzungen für die gesamten Kriegsausgaben bewegten sich zwischen 260 und 315 Mrd. Dollar.[3] Die amerikanische Regierung gab in den Jahren 1940–45 doppelt so viel Geld aus wie in den vorangegangenen 150 Jahren. Die USA wurden, wie Roosevelt es angekündigt hatte, zum „Arsenal der Demokratie"; 1943 und 1944 produzierten sie 40 % aller Kriegsgüter der Welt.[4]

Vom Überfall der Japaner auf Pearl Harbor bis zur deutschen und japanischen Kapitulation bestand die überragende strategische Aufgabe der Roosevelt-Regierung in der Festigung der angelsächsisch-sowjetischen Koalition, der Achse Roosevelt-

Churchill-Stalin. Roosevelt brauchte die Alliierten, weil er einen „amerikanischen" Krieg führen und gewinnen musste, dass heißt mit beispiellosem Materialeinsatz und vergleichsweise geringen Opfern an Menschenleben. Nur so konnte Roosevelt hoffen, die gewaltige Kriegsanstrengung politisch zu überleben. Die USA brauchten vor allem die russischen Soldaten, um die deutschen und japanischen Landheere niederzuringen. Die Opferbilanz des Zweiten Weltkrieges war dementsprechend: Deutschland verlor – ohne Volksdeutsche und Österreicher – schätzungsweise 3,76 Mill. Soldaten, Japan 1,2 Mill., die Sowjetunion 13,6 Mill. und die USA 260000 Soldaten. Für jeden Amerikaner, der im Krieg fiel, starben 15 Deutsche und 53 Russen. Schon 1942 wusste Roosevelt, „dass die russischen Armeen mehr Menschen der Achse töten und mehr Kriegsmaterial zerstören als die anderen 25 Vereinten Nationen zusammen".[5]

Angesichts der globalen Herausforderung und des Zwanges, den Weltkrieg auf amerikanische Weise gewinnen zu müssen, war Roosevelt wie sein Alliierter Churchill bereit, einen Pakt mit Stalin einzugehen. Alle Entscheidungen Roosevelts und auch noch Trumans bis zur Potsdamer Konferenz und der Kapitulation Japans durften das Bündnis mit der Sowjetunion nicht gefährden. Stalins notorisches Misstrauen hinsichtlich eines Sonderfriedens des Westens mit den Nazis und seine Befürchtung, die Realisierung der „zweiten Front" werde aufgeschoben, um möglichst viele russische Soldaten als Kanonenfutter aufzureiben, mussten soweit wie irgend möglich beseitigt werden. Roosevelts vielgescholtene Politik des Aufschiebens vieler Probleme bis nach dem Sieg sollte auch die Gefahr vermeiden, dass die Allianz durch schwerwiegende Differenzen über die Nachkriegsprobleme gesprengt würde. Die Zukunft Deutschlands war demgegenüber zweitrangig, ja man kann sagen, dass die amerikanische Deutschlandplanung im Zweiten Weltkrieg eine abhängige Variable der amerikanischen Russlandpolitik gewesen ist. Darüber hinaus war Roosevelt zutiefst davon überzeugt, dass er die Sowjetunion auch für den Aufbau einer Friedensordnung nach dem Krieg benötigen würde, die für Roosevelt – wie einst für Wilson – fast selbstverständlich im wesentlichen amerikanischen Ordnungsvorstellungen entsprechen musste.

So wenig genau die amerikanischen Friedensvorstellungen zu vielen Einzelheiten der geplanten Nachkriegsordnung auch waren und solange Roosevelt im Interesse einer ungestörten militärischen Zusammenarbeit im Krieg kontroverse Fragen auch hinauszuschieben versuchte – die allgemeinen amerikanischen Vorstellungen über einen zukünftigen Frieden waren der Welt während des ganzen Krieges bekannt. Sie blieben auch während des Krieges unverändert. Diese Prinzipien und Ideale waren schon 1941 in der Atlantik-Charta verkündet worden Sie forderten das, was Roosevelt bei einem Sieg der Achsenmächte und Japans zu verlieren fürchtete: die unteilbare Sicherheit, die unteilbare Freiheit und den unteilbaren Weltmarkt. Die Atlantikcharta war eine in Grundsätze gegossene Form der globalen Bestimmung des nationalen Interesses der USA. Sie beanspruchte universale Gültigkeit. Deshalb musste auch keine besondere Pazifik-Charta verkündet werden, was Roosevelt gelegentlich vorgeschlagen wurde. Das Selbstbestimmungsrecht für alle Völker und der Grundsatz, dass Grenzverschiebungen nur im Einklang mit dem Willen der Betroffenen erfolgen dürften, sollten die unteilbare Freiheit sichern. Freier Zugang aller Nationen zum Welthandel und den Rohstoffen der Erde, die Freiheit der Meere und die Zusammenarbeit der Nationen mit dem Ziel, verbesserte Arbeitsbedingungen, wirtschaftlichen Aufstieg und soziale Sicherheit zu gewährleisten, sollten den unteilbaren Weltmarkt ermöglichen. Gewaltverzicht, sichere Grenzen, Entwaffnung der Aggressornationen sowie ein umfassendes und dauerhaftes System der allgemeinen Sicherheit sollten die Sicherheit unteilbar machen.

Diese Leitbilder für die Zukunft waren alte amerikanische Ideale, die sich in der Substanz nicht von den Ideen Wilsons unterschieden. Neu war die geschichtliche Erfahrung der Zwischenkriegszeit. Nicht nur Roosevelt und die Internationalisten erkannten rückblickend, dass alle Versuche in den 30er Jahren, die USA durch rigorose Neutralitätsgesetze aus den Kriegen Europas und Asiens herauszuhalten, gescheitert waren. In Zukunft würden die USA Kriege nur vermeiden können, wenn Amerika einem System kollektiver Sicherheit beiträte, das auch wirklich fähig wäre, zukünftige Kriege zu vermeiden. Amerikas Eintritt in einen verbesserten und gestärkten Völkerbund schien die einzige Hoffnung für einen zukünftigen Frieden zu sein.

Neben dem Idealisten Roosevelt gab es aber auch den Realisten, der ab Herbst 1943 wusste, dass der Sieg im Zweiten Weltkrieg aus der Sowjetunion eine eurasische Weltmacht machen würde, mit der Folge, dass der Weltfrieden nach dem mörderischsten Krieg der Geschichte von einer Zusammenarbeit mit der Sowjetunion abhängen würde. Roosevelt wusste auch, dass der zukünftige Frieden zugleich ein Rechts- und Machtfrieden sein musste. Deshalb entwickelte er seine Idee der vier Weltpolizisten, die während des ganzen Krieges das zentrale Konzept in seinem Denken blieb. Danach sollten die USA, Großbritannien, die Sowjetunion und China nach dem Krieg als internationale Polizeimacht auf unbestimmte Zeit den Frieden sichern. Die auch in der historischen Literatur verbreitete Konfusion über die Nachkriegsplanungen der USA rührt nicht zuletzt daher, dass Roosevelt der amerikanischen Öffentlichkeit sein machtpolitisches Konzept der Friedenssicherung nach Kriegsende verschwieg, es dagegen den sowjetischen Politikern (Molotow im Mai 1942 und Stalin in Teheran im November/Dezember 1943) – und auch den Briten – sehr genau erläuterte.

Wenn man will, ist die schließlich 1945 in San Francisco verabschiedete Charta der Vereinten Nationen mit ihren beiden zentralen Organen – der Vollversammlung und dem Sicherheitsrat, in dem fünf ständige Vertreter Vetorecht haben – formal ein Kompromiss aus den beiden Konzeptionen eines allgemeinen Völkerbundes *(one nation, one vote)* und der privilegierten Stellung einiger bevorzugter Nationen.

Der Realist Roosevelt hat sich nie Illusionen darüber gemacht, dass sowohl das Konzept der vier Weltpolizisten als auch das des Sicherheitrates von einer andauernden politischen Übereinstimmung zwischen den vier Großmächten abhängen würde. Und weil das so war, musste Roosevelt bis zu einem bestimmten Grad die Notwendigkeit von Reparationen und das Sicherheitsbedürfnis der Sowjetunion in Ost- und Mitteleuropa sowie in Ostasien anerkennen, um die Zusammenarbeit mit der Sowjetunion in Europa, im Fernen Osten, in den Vereinten Nationen, vielleicht sogar beim Aufbau einer neuen Weltwirtschaftsordnung zu gewinnen. Das war aus der Perspektive Roosevelts möglich, weil er Stalin nicht für einen kommunistischen Weltrevolutionär und die Sowjetunion – im Gegensatz zum nationalsozialistischen Deutschland und zum imperialistischen Japan – nicht für einen grundsätzlich expansiven und aggressiven Staat hielt. Man müsse, so Roosevelt immer wieder, Stalin Vertrauen entgegenbringen und ihm geben, was man im Rahmen der Atlantik-Charta noch gerade eben zubilligen könne, um sein Misstrauen gegenüber dem Westen abzubauen.

Wenn man sich dieses überragende Ziel der Rooseveltschen Außenpolitik vor Augen hält, wird klar, warum die Deutschlandplanung in einem erheblichen Ausmaß zu einer Funktion der amerikanischen Politik gegenüber der Sowjetunion wurde. Die faktische Hinnahme der Einverleibung der baltischen Staaten, die Westverschiebung Polens, die Pläne zur Zerstückelung Deutschlands und Roosevelts zeitweilige Zustimmung zum Morgenthau-Plan, d. h. zur Entindustrialisierung des Landes, hatten auch die Funktion, Stalin wissen zu lassen, dass man für das Sicherheitsbedürfnis der Sowjetunion Verständnis zeige. Nur so konnte auch die amerikanische Osteuropapolitik zum Ziel führen, das darin bestand, zugleich sowjetfreundliche und aus freien Wahlen hervorgegangene Regierungen zu fördern.

Aus der Rückschau des Historikers wird deutlich, dass sich Roosevelt einer Illusion hingegeben hat. Sie bestand darin, dass er glaubte – bei aller Anerkennung der Sicherheitsbedürfnisse der Sowjetunion –, die Zusammenarbeit zu den amerikanischen Bedingungen der Atlantik-Charta erreichen zu können.

Er begriff nicht, dass das imperial-hegemoniale Sicherheitsbedürfnis der Sowjetunion in Ost- und Südosteuropa zwar nicht so weit ging, die völkerrechtliche Unabhängigkeit dieser Staaten anzutasten und sie in den Staatsverband der UdSSR einzuverleiben, wohl aber von vornherein darauf abzielte, den eigenständigen außenpolitischen Willen dieser Staaten durch Transformation zu „antifaschistischen Demokratien neuen Typs", zu „Volksdemokratien" zu brechen, die im sowjetischen Verständnis eine Zwischenstufe auf dem Weg zur Diktatur des Proletariats repräsentierten. Er verkannte, dass diese Politik gesellschaftsrevolutionäre Implikate hatte und vor allem den entscheidenen Einfluss der Kommunisten sichern sollte, unabhängig davon, wie stark die kommunistischen Parteien in den einzelnen Ländern waren und unabhängig davon, wie viele Stimmen sie in freien Wahlen erzielen konnten.

Schwieriger zu beantworten ist die Frage, ob der Anfang 1945 skeptischer gewordene Roosevelt weiterhoffte oder mit Rücksicht auf die öffentliche Meinung seines Landes eine Politik des „als ob" betrieb, das heißt, ob er nach der Konferenz von Jalta im Februar 1945 nur noch vorgab, an die Gemeinsamkeit der Ziele der Alliierten zu glauben, um den Eintritt der USA in die Vereinten Nationen nicht zu gefährden. Objektiv jedenfalls fiel auseinander, was Roosevelt zugleich verwirklichen wollte: die machtpolitische Zusammenarbeit mit der Sowjetunion und die amerikanische Vision einer besseren Welt. Auch er konnte die realistische und die idealistische Komponente amerikanischer Außenpolitik, die Macht und die Vision, nicht zur Deckung bringen. Als er am 12. April 1945 einem Gehirnschlag erlag, hatten er und das amerikanische Volk zwar fast den Krieg, aber nicht den Frieden gewonnen.

Roosevelt hinterließ deshalb seinem Nachfolger Harry S. Truman (1945–1953) kein leichtes Erbe. Er hatte bei seinem Tod die amerikanische Öffentlichkeit dahin gebracht, freie Wahlen in Osteuropa zu erwarten, und vermutlich Stalin zu der Annahme verleitet, dass die USA den Russen in Europa freie Hand lassen würden. Erst nach Roosevelts Tod wurde der Öffentlichkeit auch der politische Preis bekannt, den Roosevelt und Churchill Stalin in Jalta zu Lasten Japans und Chinas für den Kriegseintritt der Sowjetunion gegen Japan drei Monate nach der deutschen Niederlage gezahlt hatten: den Fortbestand der kommunistischen Herrschaft in der Äußeren Mongolei, die Abtretung der Südhälfte Sachalins und der Kurileninseln sowie Pachtverträge, die den Gebrauch der mandschurischen Häfen Port Arthur und Dairen sowie die Nutzung der südmandschurischen Eisenbahn für sowjetische Zwecke sicherstellten. Der amerikanische Generalstab war aufgrund der militärischen Schwäche der Nationalchinesen zu dem Schluss gekommen, dass die Amerikaner eine „zweite Front" auf dem asiatischen Festland benötigten, weil ohne einen Angriff sowjetischer Divisionen auf die japanischen Landheere in der Mandschurei und Korea die bedingungslose Kapitulation Japans nur durch enorme amerikanische Verluste bei der Invasion der japanischen Hauptinseln zu erzwingen sei. In Jalta war noch nicht absehbar, wann die Atombombe, deren Entwicklung Albert Einstein 1939 in einem Brief an Roosevelt empfohlen hatte, zur Verfügung stehen würde. Die Entscheidung über den Einsatz der Atombombe blieb Roosevelt erspart. Diese traf schließlich sein Nachfolger Truman; über die erfolgreiche Zündung der ersten Atombombe wurde er auf der Konferenz von Potsdam informiert.

Als Harry S. Truman sein Amt antrat, war auch noch nicht klar, was in der Mitte Europas nach der Zerschlagung des Nazi-Reiches an dessen Stelle treten sollte. Einigkeit bestand lediglich über das negative Kriegsziel: bedingungslose Kapitulation, das heißt keinen Verhandlungsfrieden, Vernichtung des Nationalsozialismus und des deutschen Militarismus. Deutschland musste entwaffnet und entnazifiziert, die nationalsozialistischen Organisationen aufgelöst, die Kriegsverbrecher abgeurteilt und jede Möglichkeit einer nochmaligen deutschen Aggression für alle Zeiten verhindert werden. Doch jenseits dieser Ziele herrschte Unklarheit. Sollte Deutschland überhaupt als einheitlicher Nationalstaat bestehenbleiben? War es nicht besser, das Land zu zerstückeln und die Bismarcksche Reichsgründung rückgängig zu machen? Falls Deutschland als Einheit bestehenbleiben sollte, wo genau würden seine Grenzen liegen? Wie sollte die Übergangsphase der Besatzungspolitik, die der bedingungslosen Kapitulation und der Übernahme der obersten Regierungsgewalt durch die Alliierten zunächst folgen musste, konkret gestaltet werden? Sollten sich die Sieger um das zu erwartende wirtschaftliche Chaos kümmern oder lediglich verhindern, dass Seuchen und Aufstände die Sicherheit der Besatzungstruppen gefährdeten? Sollte Deutschland Wiedergutmachung leisten, in welcher Form, wieviel und an wen? Alle diese Fragen mussten entschieden oder zumindest vorbedacht werden in einem Klima der Kriegsleidenschaft, des Hasses und der Verachtung gegenüber Deutschland und den Deutschen, das sich noch verstärkte, als mit dem Vormarsch der alliierten Truppen an allen Fronten der Weltöffentlichkeit das ganze Ausmaß der nationalsozialistischen Ausrottungspolitik und des Völkermordes an Juden, Polen, Russen und anderen Völkern bekannt wurde.

Während des Zweiten Weltkrieges hat sich die amerikanische Politik letztlich nicht auf eine langfristige Deutschlandpolitik festlegen können: ob man Deutschland einen harten Frieden der Rache, Unterdrückung, Zerstückelung und Verelendung auferlegen oder dem Land die Chance geben sollte, als entnazifizierter, friedfertiger und wirtschaftlich stabiler Staat in die Gemeinschaft der Völker zurückzukehren. Denn genau über diese Frage gab es einen heftigen Kampf innerhalb der amerikanischen Regierung, der verhinderte, dass es bis Kriegsende zu einem einheitlichen Deutschlandkonzept kam.

Der ambivalenten Planung entsprachen die widersprüchlichen Ergebnisse. Obwohl Roosevelt aus innenpolitischen Gründen den Morgenthau-Plan widerrufen musste, hat er vermutlich bis zu seinem Tode innerlich an dem Konzept eines „karthagischen" Friedens festgehalten; ebenso an Plänen zur Zerstückelung Deutschlands, die auf der Konferenz von Jalta zu einem prinzipiellen Beschluss erhoben worden waren. Während Roosevelt als Vertreter eines harten Friedens in dieser Frage zumindest konsequent blieb, führten die widerstreitenden Deutschlandkonzeptionen dazu, dass zwei andere zentrale Probleme gegenläufig entschieden wurden: die Reparationen und die amerikanische Besatzungspolitik nach dem Krieg. Während sich Roosevelt in der Reparationsfrage spätestens seit den Vorbereitungen zur Konferenz von Jalta den gemäßigten und wirtschaftlich begründeten Argumenten des Außenministeriums beugte, entsprang die Direktive 1067 des Vereinigten Generalstabs über die Besatzungspolitik nach Kriegsende noch in erheblichem Maße dem Geist der Rache, nämlich dem Geist des Morgenthau-Plans. Dieser sollte, so der Titel, Deutschland daran hindern, einen dritten Weltkrieg zu beginnen.

Erst in der Zeit von Mai bis Juli 1945, in der Zeit zwischen der deutschen Kapitulation und der Potsdamer Konferenz, entschied sich Truman schrittweise, aber doch erkennbar für die Konzeption des Außenministeriums, nämlich dafür, ein geplantes ökonomisches Chaos in Deutschland zu verhindern. In seinen Memoiren schreibt er, er habe den Morgenthau-Plan nie gebilligt; er sei ein Akt der Rache gewesen, und schon zu viele Friedensverträge in der Geschichte seien aus diesem Geist geboren.

Am 9. Mai 1945 trat die bedingungslose Gesamtkapitulation Deutschlands in Kraft, am 6. August zündeten die Amerikaner die erste Atombombe über Hiroshima, am 8. August erklärte die Sowjetunion Japan den Krieg und rückte in die Mandschurei ein, am 9. August fiel die zweite Atombombe auf Nagasaki, am 10. August nahm der japanische Kronrat die – fast – bedingungslose Kapitulationsforderung an, am 2. September wurde der Zweite Weltkrieg beeendet, als japanische Offizielle unter den Augen des amerikanischen „Prokonsuls" General MacArthur auf dem Schlachtschiff „Missouri" in der Bucht von Tokio die Kapitulation unterschrieben. Während Berlin von der Roten Armee eingenommen worden war, marschierten in Tokio amerikanische Soldaten ein.

Die USA waren der große Sieger des globalen Krieges, sie hatten den größten Krieg der Weltgeschichte zu vergleichsweise geringen Kosten gewonnen. Der Krieg war auch in diesem Fall der Vater aller Dinge, vor allem hatte er die USA vor der Sowjetunion zu der in fast jeder Hinsicht stärksten Macht der Welt gemacht – zu einer *Supermacht.* Deutschland, Japan und Italien waren besiegt, China in einen Bürgerkrieg verstrickt, England und Frankreich zu zweitrangigen Mächten abgesunken. Nur die wirtschaftlich geschwächte, aber militärisch starke Sowjetunion besaß 1945 noch die Kraft und den Willen zu einer imperialen Politik auf dem eurasischen Festland. Die USA besaßen das Monopol der Atombombe, ihre Langstreckenbomber beherrschten die Lufträume, sie verfügten über die stärkste Flotte der Welt. 7,5 Millionen amerikanische Soldaten waren am Ende des Krieges in Übersee stationiert, 69 Divisionen in Europa, 26 in Asien und im Pazifik. Als kombinierte Luft-, See-und Landmacht wären die USA 1945 fähig gewesen, auf alle von den Meeren erreichbare Regionen der Welt erheblichen militärisch-politischen Einfluss auszuüben, wenn Regierung und Volk der Vereinigten Staaten dies gewollt hätten.

Fast noch größer als das militärische war 1945 das wirtschaftliche Gewicht der USA. Wie im Ersten, so waren die USA auch im Zweiten Weltkrieg als einzige Großmacht reicher geworden – die Sowjetunion und Großbritannien hatten sich wirtschaftlich fast zu Tode gesiegt, von Frankreich ganz zu schweigen. Washington besaß 1945 zwei Drittel der Goldreserven der Erde. Eine unzerstörte Wirtschaft von außerordentlicher Produktivität und großen Wettbewerbsvorteilen stand einem verelendeten eurasischen Doppelkontinent gegenüber. Von Wladiwostok bis London gab es keine Wirtschaftsregion, die mit den USA konkurrieren konnte; auch die Märkte Lateinamerikas hatten die USA während des Krieges weiter durchdrungen. Der Anteil an der Weltproduktion industrieller Güter übertraf mit etwas mehr als der Hälfte sogar die Jahre 1925–29: Die USA waren erneut die bei weitem stärkste Exportnation.[6]

Schon während des Krieges hatten die USA 1944 auf der Konferenz von Bretton Woods durchgesetzt, den US-Dollar zu-

84

sammen mit Gold als internationale Leit-, Reserve- und Transaktionswährung festzulegen. Die Amerikaner dominierten den neuen Internationalen Währungsfonds und die neue Weltbank.

Das 1947 abgeschlossene GATT-Abkommen verkörperte durch seine Zielsetzung, Zölle und andere Handelsschranken abzubauen, die amerikanischen Grundideen des freien Handels und der „offenen Tür". Anders als nach dem Ersten Weltkrieg verhielten sich die Amerikaner nach 1945 systemgerecht, weil sie auch die US-Zölle schrittweise herabsetzten. Getrieben von der Erinnerung an die Große Depression und ihre weltpolitischen Folgen in den 30er Jahren, waren die USA jetzt entschlossen, England als Garanten einer liberalen Weltwirtschaftsordnung und eines unteilbaren Weltmarktes abzulösen. Selbstverständlich war der US-Entscheidungselite bewusst, dass das formale Postulat der gleichen Chance, das nach der liberalen Theorie das größte Wirtschaftsglück der größten Zahl hervorbringt, der stärksten Wirtschaftsmacht am meisten nutzt.

Trotz ihrer überragenden Stellung als Supermacht waren die USA im Jahre 1945 aber nicht allmächtig. Entgegen einer unausrottbaren Legende haben sie sich in Jalta nicht die Welt mit der Sowjetunion geteilt. Außerdem wagten sie nicht wie 1919 in Paris den Versuch, auf einer allgemeinen Konferenz eine „Pax Americana" zu stiften. Die Gründungskonferenz der Vereinten Nationen in San Francisco, die die amerikanischen Prinzipien der Atlantik-Charta institutionalisierte und auf der während des Krieges die Hoffnungen der Amerikaner geruht hatten, war dafür kein Ersatz. Die UNO blieb von Beginn an ein Nebenschauplatz der Weltgeschichte. Sie hätte als Garant des zukünftigen Weltfriedens nur funktionieren können – das hatte Roosevelt richtig erkannt –, wenn die Große Kriegskoalition nach dem Wegfall ihrer einzigen Klammer, des gemeinsamen Feindes, im Sicherheitsrat als Weltpolizist und gemeinsam handelndes Machtzentrum überlebt hätte. Aber war das 1945 wahrscheinlich? War das tatsächliche Auseinanderfallen der Großen Koalition nicht der zu erwartende Regelfall, wenn man an die Nachgeschichte der Napoleonischen Kriege oder des Ersten Weltkrieges denkt? Wie hätte eine Kooperation über den Tag des Sieges hinaus möglich sein können, angesichts der durch die Niederlage der Achsenmächte und Japans entstandenen Machtvakuen in Europa und Asien? Angesichts der Tatsache, dass die Supermacht USA und die einzig verbliebene große Gegenmacht, die Sowjetunion, zwei antagonistische Wert-, Gesellschafts- und Staatssysteme repräsentierten, die beide das eine Modell für die ganze Welt propagierten? Angesichts zweier Mächte, deren Politiker die Geschichte radikal anders interpretierten und die Zukunft unterschiedlich entwarfen? Angesichts der völlig verschiedenen wirtschaftlichen Ausgangslagen der beiden Staaten und des noch nicht vorhandenen Gleichgewichts des Schreckens, das seit dem Ende der 50er Jahre die beiden atomaren Supermächte im Interesse ihres eigenen Überlebens und des Überlebens der Menschheit zu einem Minimum an Kooperation zwang?

Die USA waren 1945 weder allmächtig, noch war es sicher, dass sie – anders als nach dem Ersten Weltkrieg – als militärische Macht in Europa und Asien bleiben würden. Noch war es nicht ausgeschlossen, dass sich die dominierende Grundstruktur amerikanischer Außenpolitik in der Zwischenweltkriegszeit, militärische Abwesenheit und ökonomische Anwesenheit, wiederholen würde. Roosevelts Versicherung gegenüber Stalin in Jalta, dass sich die USA nach dem Krieg militärisch aus Europa wieder zurückziehen würden, und der überstürzte, auf innenpolitischen Druck erfolgte Abzug der amerikanischen Soldaten aus Europa und Asien waren Reflexe der alten isolationistischen Tradition, die mit der Verwandlung zur Supermacht nicht verschwunden war. Nach Schätzungen hatte die Sowjetunion 1948 4 Millionen Mann unter Waffen, 100 kampfbereite Divisonen und 15000 Panzer, die USA 654000 Mann, 12 kampfbereite Divisionen und 1500 Panzer.

Erst die Serie von Konflikten mit der Sowjetunion zwischen 1945 und 1947 über Polen, Rumänien, Bulgarien, Deutschland, Griechenland, die Türkei, Persien, die UNO und das Problem der Atombombe führten in den USA zu einer radikalen Neueinschätzung der weltpolitischen Situation, die die dauernde Anwesenheit amerikanischer Truppen in Europa, nach dem Sieg der Kommunisten im chinesischen Bürgerkrieg im Jahre 1949 und dem Ausbruch des Koreakrieges 1950 auch in Asien, rechtfertigte. Erst die Bestimmung der Sowjetunion, dann Chinas und des „internationalen Kommunismus" als die neuen Feinde der Freiheit, die – wie zuvor Hitler und Japan – Eurasien, möglicherweise die ganze Welt zu verschlingen drohten, gab den USA jene zivilreligiöse, manichäisch-dualistische Weltdeutung zurück, die jede US-Regierung benötigt, um den Kongress und das amerikanische Volk von der Notwendigkeit einer dauernden Präsenz von US-Truppen in Übersee zu überzeugen. Das gefährdete Gleichgewicht der Kräfte in Eurasien und die gefährdeten materiellen Interessen Amerikas genügten auch nach 1945 nicht, um den dramatischen Wechsel von der Kriegskoalition zum Kalten Krieg zu vollziehen. Es bedurfte der atemberaubenden Umkehr der amerikanischen „Dämonologie": Aus den bösen Deutschen, guten Russen, bösen Japanern und guten Chinesen des Zweiten Weltkrieges wurden die guten Westdeutschen, die bösen Russen, die guten Japaner und die bösen Chinesen des Kalten Krieges.

Die konkreten Anlässe für die Desillusionierung der amerikanischen Öffentlichkeit und die Verwandlung der Sowjetunion in das „Reich des Bösen" sind bekannt: die schrittweise Unterjochung und Bolschewisierung der Staaten Ostmitteleuropas, die Bedrohung Südosteuropas, des östlichen Mittelmeeres und des Nahen Ostens durch die sowjetische Politik in Griechenland, der Türkei und Persien; die Unfähigkeit der Siegermächte des Zweiten Weltkrieges, sich nach der Konferenz von Potsdam über die innere Struktur, die Grenzen und die zukünftige Stellung Deutschlands in Europa zu einigen; das offensichtliche Desinteresse der Sowjetunion, einer Atomwaffenkontrollpolitik zu amerikanischen Bedingungen zuzustimmen; die Auseinandersetzungen in und um die UNO; und schließlich die Weigerung Stalins, die von sowjetischen Truppen besetzten Gebiete für einen freien Welthandel, für Marktwirtschaft und kapitalistische Prinzipien zu öffnen.

Der von den USA weder gewollte noch in seiner Schnelligkeit vorhergesehene Zerfall der Großen Kriegskoalition gegen Hitler führte in der ersten Hälfte des Jahres 1946 zu einer Selbstvergewisserung Amerikas über die neue Lage, ein Prozess, in dem die Rede Stalins vom 9. Februar 1946, George F. Kennans „langes Telegramm" aus Moskau vom 22. Februar 1946, Churchills Rede in Fulton vom 5. März 1946 und die Rede von Außenminister Byrnes in Stuttgart am 6. September 1946 eine besondere Rolle spielten. Die Neuinterpretation der Weltlage lässt sich idealtypisch so zusammenfassen: Stalins überragendes Ziel in Europa ist nicht Sicherheit, das heißt vor allem Sicherheit vor einem neuen Angriff Deutschlands, sondern die Expansion des sowjetischen Systems nach Westen, zumindest eine Destabilisierung Westeuropas, um auch diese Region für den Kommunismus reif zu machen. Die Sowjetunion ist ein Produkt aus marxistischer Ideologie und den Machtinteressen einer Funktionärselite, die im Innern einen Repressionsapparat durch einen angeblich aggressiven Kapitalismus legitimiert, nach außen jede Schwäche des Gegners nutzt, um die Expansion des kommunistischen Systems voranzutreiben. Nach Ansicht dieser marxistisch geprägten Funktionärselite ist der Kampf zwischen Kapitalismus und Sozialismus notwendig, der Untergang des Kapitalismus nur eine Frage der Zeit.

Das bedeute aber nicht, so Kennan in seinem Telegramm, das in Washington wie eine Bombe einschlug, dass Stalin und die Sowjetunion zu überstürzten revolutionären Aktionen in der Außenpolitik neigten. Wie die katholische Kirche denke der Kreml in langfristigen Kategorien, und aufgrund der Siegesgewissheit könne er es sich leisten, geduldig und Schritt für Schritt seine Ziele zu erreichen, immer auf dem Sprung, jede Schwäche des kapitalistischen Systems zu nutzen oder in ungünstigen Konstellationen einen Schritt zurückzugehen. Deshalb sei es die strategische Aufgabe der USA, eine ebenso langfristige wie entschlossene Eindämmung *(containment)* des Kommunismus zu verfolgen. Eine solche Politik berechtige durchaus zu der Hoffnung, dass das menschenverachtende und von großen wirtschaftlichen Problemen geplagte sowjetische System irgendwann zusammenbrechen werde.

Diese überragende Maxime des Kalten Krieges, die Sowjetunion einzudämmen, verband sich in dieser Generation amerikanischer Politiker mit der großen Lehre über das Versagen der Demokratien in den 30er Jahren: Nie wieder dürfe gegenüber Diktaturen eine Politik der Beschwichtigung *(appeasement)* betrieben werden, ein zweites München dürfe es nicht geben, weder in Europa noch in Asien. Denn mit dem Sieg Mao Tse-tungs im chinesischen Bürgerkrieg, dem sowjetisch-chinesischen Freundschaftsvertrag und dem Ausbruch des Koreakrieges wurden Asien und der Rest der Welt in dieses dualistische Weltbild einbezogen.

In der Fundamentaldoktrin des Kalten Krieges, der Truman-Doktrin vom 12. März 1947, ging der amerikanische Präsident deshalb über ihren Anlass, den kommunistischen Druck auf Griechenland und die Türkei sowie die machtpolitische Abdankung des finanziell angeschlagenen Britischen Empire im östlichen Mittelmeer, weit hinaus. Er folgte seiner Überzeugung und dem Rat von Senator Vandenberg, die vom Kongress geforderten Hilfsgelder für diese beiden Staaten auf eine allgemeine Kampfansage an den Kommunismus zu stützen. Die beiden entscheidenden Sätze der Doktrin lauteten: „Ich glaube, dass die Politik der Vereinigten Staaten darin bestehen muss, freie Völker zu unterstützen, die sich den Versuchen bewaffneter Minderheiten oder Druck von außen widersetzen, sie zu unterwerfen. Ich glaube, dass wir den freien Völkern helfen müssen, ihr Schicksal in ihre eigenen Hände zu nehmen".[7]

Auch die Dominotheorie, die bis zur Gegenwart als politische Allzweckwaffe zur Rechtfertigung von Bündnissen, militärischen Interventionen und wirtschaftlicher Hilfe in Europa, Asien, Afrika und Lateinamerika verwendet wird, fand sich bereits in der Truman-Doktrin. Wenn Griechenland und der Türkei nicht geholfen werde, so Truman, habe das schwerwiegende Konsequenzen für andere Länder in Europa, ja für den Westen und Osten allgemein. Die geforderten Hilfsgelder seien Investitionen in die Freiheit und den Frieden der Welt. Obwohl das Wort „containment" in seiner Rede nicht vorkam, war die Doktrin dem Wortlaut nach ein globaler Interventionstitel der Supermacht der USA, überall in der Welt freie Völker vor kommunistischen Angriffen von außen oder vor kommunistischen Umsturzversuchen im Inneren zu schützen. Die universalistischen Hoffnungen auf die unteilbare Freiheit, die unteilbare Sicherheit und den unteilbaren Weltmarkt waren endgültig zerbrochen.

Wenn das langfristige Ziel der Sowjetunion aber nicht Sicherheit, sondern Expansion hieß, dann war das durch den Krieg verelendete Westeuropa – und damit auch die Zukunft einer freien um den Atlantik zentrierten Weltwirtschaft, ja der Wohlstand der USA – in höchster Gefahr. Aus der Kombination von perzipierter sowjetischer Gefahr und der Schwäche Westeuropas ergab sich der überragende Imperativ der amerikanischen Europapolitik: Man konnte die Sowjetunion nur eindämmen, wenn Westeuropa wirtschaftlich – und möglicherweise auch militärisch – stabilisiert und zugleich das deutsche Problem gelöst wurde. Der Marshall-Plan, durchgeführt in den Jahren von 1948 bis 1952, wurde in Kraft gesetzt, um in Westeuropa gesunde wirtschaftliche Verhältnisse zu schaffen und kommunistischen Parteien den Nährboden zu entziehen. Die im Jahre 1949 gegründete NATO sollte die Sicherheit Westeuropas vor einer sowjetischen Invasion garantieren, was nach dem Überfall Nordkoreas auf Südkorea geboten schien. Die NATO war die größte Revolution der amerikanischen Außenpolitik, weil die USA zum ersten Male in ihrer Geschichte außerhalb der westlichen Hemisphäre einem „verstrickenden Bündnis" beitraten.

Das deutsche Problem wurde zum integralen Bestandteil der amerikanischen Eindämmungspolitik. Die amerikanische Initiative führte zur Gründung eines Weststaates, nachdem im Dezember 1947 in London wieder eine Außenministerkonferenz der Siegermächte gescheitert war. Die Londoner Konferenz im Frühjahr 1948 und die Empfehlungen zur Gründung eines

Weststaates, der entwaffnet, durch ein Besatzungsstatut eingedämmt, aber in seiner inneren Ordnung frei sein sollte; der politische und wirtschaftliche Druck auf Frankreich, einer West-
staatsgründung zuzustimmen; die Währungsreform vom Juni
1948, die Ausarbeitung einer provisorischen Verfassung für einen Weststaat, die ersten Wahlen zum deutschen Bundestag
vom 14. 08. 1949, die Bildung der ersten Regierung unter Konrad Adenauer; schließlich die amerikanische Unterstützung der
Wiederbewaffnung der Westdeutschen, die nach dem Scheitern
der Europäischen Verteidigungsgemeinschaft (EVG) 1955 zum
Beitritt der Bundesrepublik in die NATO führte – alle diese Elemente der Gründung und Festigung einer westdeutschen Republik waren aus amerikanischer Sicht ein untergeordneter Aspekt dieses europäischen Zusammenhanges. Das alte deutsche
und das neue sowjetische Problem wurden gemeinsam in der
berühmten Politik der doppelten Eindämmung *(double containment)* gelöst, durch die gleichzeitige Eindämmung der sowjetischen und der deutschen Gefahr. Die Westdeutschen wurden zum Bollwerk gegen die kommunistische Gefahr, ihre
Integration in die europäischen und atlantischen Organisationen zum Garant dafür, dass Deutschland nie wieder eine Gefahr
für den Westen werden konnte: „to keep the Soviets out, the
Americans in, the Germans down" und, so darf man hinzufü-
gen, „the Europeans happy".

Die Eindämmung der Deutschen durch die Westintegration
wurde von der Mehrheit der Westdeutschen nicht als Fremdbe-
stimmung interpretiert, weil sie diesen Weg selbst gehen wollten, Amerikaner und Deutsche besonders seit Stalins Versuch,
durch eine Blockade Berlins diesen Expresszug nach Westen zu
stoppen, einen gemeinsamen Feind hatten und die USA in den
Amtszeiten der Präsidenten Truman (1945–1952) und Eisenhower (1953–1961) rhetorisch alles taten, um Adenauer und sein
Versprechen an die Deutschen zu stützen, dass die Westintegration zur Wiedervereinigung führen werde. Tatsächlich war die
Deutschlandpolitik nur eine Dimension der Europa- und Weltpolitik einer Supermacht, die in globalen Kategorien dachte

und handelte und deren eigene Interessenlage, wie Adenauer zu Kennedys Amtszeit (1961 –1963) schmerzlich erfahren musste, von der deutschen Interessenlage abweichen konnte. Die US-Deutschlandpolitik blieb während des ganzen Kalten Krieges eine abhängige Variable der US-Politik gegenüber der Sowjetunion und Europa, in den Worten von Außenminister Acheson, der am 11. Mai 1949 an den englischen und französischen Außenminister schrieb: „Unser wichtigster Ausgangspunkt ist, dass unsere Sorge die Zukunft Europas ist und nicht das deutsche Problem. Ebenso wie für uns die Wiedervereinigung Deutschlands kein Selbstzweck ist, so ist auch die Teilung Deutschlands kein Selbstzweck."[8]

Die Logik der Eindämmungsstrategie beherrschte, wie angedeutet, seit 1950 auch die amerikanische Asienpolitik und führte im Koreakrieg und im Vietnamkrieg zum massiven Einsatz amerikanischer Soldaten auf dem asiatischen Festland, was im ganzen 19. und 20. Jahrhundert ein Anathema amerikanischer Außenpolitik war. Die Atombomben auf Hiroshima und Nagasaki hatten ja genau dies vermeiden sollen. Noch während des chinesischen Bürgerkrieges hatte Präsident Truman sich geweigert, die Truman-Doktrin auf Asien anzuwenden und US-Truppen in China einzusetzen. Die Strategie der Eindämmung sei, so Truman, für Europa geeignet, für Asien nicht. Chinas Territorium sei 45mal so groß wie Griechenland und die Bevölkerung 85mal so groß. Wenn die USA in China intervenieren wollten, benötigten sie Millionen Soldaten und ein gigantisches Aufrüstungsprogramm. Beides werde das kriegs- und steuermüde Amerika nicht akzeptieren. Genauso hatte schon Theodore Roosevelt argumentiert.

Die erfolgreiche kommunistische Revolution in China war für die USA ein Schock. Gemessen an dem Ziel amerikanischer Chinapolitik im Zweiten Weltkrieg, ein unabhängiges, aber pro-amerikanisches China Tschiang Kai-scheks zu etablieren, dessen Regime die USA bereits 1928 anerkannt hatten, bedeutete der Sieg Maos im Jahre 1949 eine weltpolitisch-strategische Niederlage erster Ordnung und das Scheitern der seit der Jahrhundertwende verfolgten Politik der „offenen Tür". Er brachte die USA auch um eine wesentliche Frucht des Sieges über Japan im Zweiten Weltkrieg.

Dieser Schock verstärkte sich noch, als Moskau und Peking im Februar 1950 einen Bündnisvertrag unterzeichneten. Mao erklärte, die Außenpolitik Chinas werde sich in Zukunft auf eine Zusammenarbeit mit der Sowjetunion, mit den neuen „Volksdemokratien" in Europa sowie dem Proletariat und den Massen aller Länder stützen. Die Sowjetunion, so schien es den Amerikanern, war nicht länger eine kommunistische Oase in einer feindseligen Welt, sondern hatte sich mit dem volkreichsten Land der Erde verbündet. Die USA weigerten sich für zwei Jahrzehnte, Maos Regime anzuerkennen und ihm anstelle des nationalchinesischen Taiwan den Sitz im Sicherheitsrat der UNO anzubieten. Der außenpolitischen Niederlage folgte ein innenpolitisches Drama. Als der „Verlust" Chinas der Öffentlichkeit bewusst wurde, musste Truman der Nation am 23. September 1949 auch noch mitteilen, dass die Sowjetunion kürzlich – entgegen allen Berechnungen amerikanischer Experten – ihre erste Atombombe gezündet hatte. Die Furcht vor den Kommunisten verband sich nun mit einem für die Amerikaner völlig neuen Gefühl einer möglichen tödlichen Bedrohung ihres Landes. Beides nährte eine Angstpsychose, die zu einem öffentlichen Reinigungsritus führte, zu der von Senator McCarthy angeführten Hexenjagd auf die angeblichen Sündenböcke im US-Außenministerium, deren Unfähigkeit, Inkompetenz und kommunistische Neigungen zum „Verlust" Chinas geführt hätten: eine Behauptung, die angesichts des chinesischen Bürgerkrieges mit Millionen von Toten und der internationalen Lage absurd war. Außenminister Acheson sprach angewidert von einem „Aufstand der Primitiven".

In dieser Atmosphäre deutete Truman den am 25. Juni 1950 erfolgten Durchbruch nordkoreanischer Streitkräfte am 38. Breitengrad als einen von der Sowjetunion unterstützten Versuch, den Kommunismus über Asien auszubreiten. Zutiefst überzeugt von der Dominotheorie und der „Lehre von München", zögerte Truman nicht, US-Truppen einzusetzen, gestützt auf einen einstimmigen Beschluss des UNO-Sicherheitrates, in dem der sowjetische Delegierte auf der entscheidenden Sitzung fehlte. Das ursprüngliche Kriegsziel war die Wiederherstellung des Status quo ante, das heißt die Befreiung Südkoreas und die Eindämmung des Kommunismus am 38. Breitengrad. In Anbetracht der militärischen Erfolge der Amerikaner und ihrer Verbündeten und in der Hoffnung, dass weder die Sowjetunion noch China intervenieren würden, gestattete Truman dem siegesgewissen General MacArthur, den 38. Breitengrad zu überschreiten, um die nordkoreanischen Truppen zur Kapitulation zu zwingen und ein freies, geeintes Korea zu schaffen. Doch im November 1950 schlug Mao zurück. Der massive Einsatz chinesischer Soldaten führte zum Rückzug der Amerikaner auf den 38. Breitengrad und zur Entlassung MacArthurs, der als letztes Mittel sogar den Einsatz taktischer Atombomben gefordert hatte, um China in die Knie zu zwingen („There is no substitute for victory"). Vor einer Eskalation, die durch den Kriegseintritt der Sowjetunion zum Dritten Weltkrieg hätte führen können, schreckte Truman und schreckten im Verlauf des Kalten Krieges alle amerikanischen Präsidenten zurück. Der Waffenstillstand von Panmunjon vom 27.07.1953 wurde aber erst unter der Präsidentschaft Eisenhowers unterzeichnet. Die erste militärische Konfrontation der USA mit kommunistischen Armeen hatte in Asien, nicht in Europa stattgefunden.

Der Koreakrieg ist, zusammen mit der chinesischen Revolution, der Zündung der ersten sowjetischen Atombombe und der von den USA vermuteten Entwicklung sowjetischer Langstreckenbomber und Raketen, die die Ozeane überwinden und die kontinentale Sicherheit der USA existentiell gefährden könnten, von kaum zu überschätzender Bedeutung für die Politik der USA, ja für den Verlauf des Kalten Krieges insgesamt geworden. Nach dem Koreakrieg zog die entschlossene Supermacht zum ersten Mal in ihrer Geschichte den Schluss, dass sie mehr als nur potentieller Hilfsmittel bedürfe, um Kriege führen und die eigenen Interessen durchsetzen zu können, nämlich unmittelbar verfügbarer Truppen, Waffen, Bündnisse und Militärbasen in allen strategischen Regionen der Erde. Erst jetzt begannen die USA, einen riesigen Kampfapparat zu Lande, zu Wasser und in der Luft aufzubauen. Erst jetzt entwickelte sich ein militärisch-industrieller Komplex, der Millionen von Menschen Brot und den Rückhalt in einer einfachen dualistischen Weltdeutung gab, bestehend aus Streitkräften, Ministerien und Bürokratien, Abgeordneten, Senatoren und Lobbyisten, Denkfabriken, Universitäten, Forschungs- und Produktionsstätten, aus Geheimdiensten, Nuklearstrategen und Sowjetologen, die immer neue Feindbilder, Szenarien, Raketenlücken, „Fenster der Verwundbarkeit" (echte und erfundene) produzierten.

Die USA setzten, im dialektischen Zusammenspiel mit dem sowjetischen Feind, die Spirale des atomaren Wettrüstens in Gang, die durch den Richtungswechsel von der Strategie der „massiven Vergeltung" (Eisenhower) zur „flexiblen Antwort" auf allen Ebenen der Eskalation (Kennedy) ebensowenig gestoppt wurde wie durch die sogenannte Entspannungspolitik in den 70er Jahren. Durch die Übertötungsfähigkeit beider Seiten und die durch eine Zweitschlagskapazität gesicherte Vernichtungsfähigkeit des Gegners (*Mutual Assured Destruction,* MAD) wurde ein strategisches „Gleichgewicht des Schreckens" errichtet, immer begleitet von apokalyptischen Visionen für den Fall, dass diese Abschreckung versagen sollte. Obwohl sich die beiden „Skorpione in der Flasche" schon Ende der 60er Jahre wechselseitig zu Geiseln gemacht hatten, erhöhten und verfeinerten die Politiker und die militärisch-industriellen Komplexe beider Lager die Übertötungsfähigkeit bis zum Ende des Kalten Krieges.

Der Koreakrieg bestätigte auch die Ergebnisse des vielleicht berühmtesten, vor seiner Veröffentlichung 1975[9] auch berüchtigsten Memorandums des Kalten Krieges, einer auf den expansiv-aggressiven Feind Sowjetunion bezogenen Analyse der globalen Ziele, Strategien und Hilfsmittel der US-Außenpolitik, die vom Nationalen Sicherheitsrat am 14. April 1950 verabschiedet und von Truman am 30. September 1950 unterzeichnet wurde (NSC 68).

Wenn die USA sich nicht zu einer massiven Aufrüstung aller Waffengattungen entschlössen, so das Memorandum, werde sich die relative Position der USA immer mehr verschlechtern, was schon ohne Krieg zu einem Einflussverfall der USA in Eurasien führen werde. Schlimmer noch: Eine Beibehaltung des derzeitigen Kurses gefährde langfristig sogar die Sicherheit der westlichen Hemisphäre. Denn wegen des Weltherrschaftswillens der Sowjetunion werde Stalin vermutlich Europa und Asien unterwerfen und für die USA eine noch größere Gefahr darstellen, weil die Sowjetunion dann die Kapazitäten zweier Kontinente besitze. Genau diese Schreckensvision hatte Roosevelt ein Jahrzehnt zuvor, nach dem Fall Frankreichs, über Hitler und den Nationalsozialismus verbreitet. Sie gehörte zum geistigen Kern der US-Weltpolitik zwischen 1940 und 1990, weil sie den USA gestattete, die globale Definition des eigenen nationalen Interesses durch den behaupteten Weltherrschaftswillen des Feindes zu rechtfertigen. Sowohl im Zweiten Weltkrieg als auch im Kalten Krieg überbrückten die USA den Atlantik und Pazifik durch die Dominotheorie.

Angesichts dieser Lageanalyse verwarf der Nationale Sicherheitsrat der USA die Möglichkeit, zu einer isolationistischen Position in der westlichen Hemisphäre, also zur Außenpolitik der Zwischenweltkriegszelt, zurückzukehren. Zugleich lehnte er einen atomaren Präventivschlag gegen die Sowjetunion ab, bevor diese selbst im Vernichtungspotential gleichgezogen hatte. Das war eine Entscheidung von welthistorischer Bedeutung, denn nun war es nur noch eine Frage der Zeit, bis die Sowjetunion den atomaren Vorsprung der USA aufgeholt hätte und Amerika mit der Realität sowjetischer Atom- und Wasserstoffbomben, sehr wahrscheinlich auch mit der Realität sowjetischer Trägersysteme würde leben müssen. Die Option eines atomaren Präventivschlags war zwar seit 1945 von amerikanischen Politikern und Militärstrategen immer wieder gedanklich durchgespielt worden, aber der Sicherheitsrat verwarf sie, aus moralischen und militärischen Gründen: Ein atomarer Überraschungsangriff werde in den Augen vieler Amerikaner kein

„gerechter" Krieg sein und deshalb nicht die notwendige innenpolitische Unterstützung finden; militärisch werde die Sowjetunion selbst nach einem Atomschlag nicht kapitulieren, sondern durch das Übergewicht ihrer konventionellen Truppen
große Teile Eurasiens, vielleicht sogar den ganzen Doppelkontinent, überrennen und beherrschen.

Als einzige Möglichkeit verblieb für den Sicherheitsrat der
schnelle Aufbau der militärischen, wirtschaftlichen und politischen Stärke des freien Westens und seines Zentrums, der Vereinigten Staaten. Erst eine solche Position zukünftiger Stärke
werde die Sowjetunion frustrieren, sie – zu westlichen Bedingungen – an den Verhandlungstisch führen und im besten Fall
den Zusammenbruch des sowjetischen Systems bewirken: „Der
einzig sichere Weg liegt in der Vereitelung der Pläne des Kremls
durch die stete Entwicklung der moralischen und materiellen
Stärke der freien Welt und ihre Projektion in die sowjetische
Welt, um auf diese Weise einen inneren Wandel im Sowjet-
system herbeizuführen".[10]

An der dualistischen Weltsicht des Memorandums NSC 68
haben die Regierungen Eisenhower, Kennedy und Johnson in
allen wesentlichen Punkten festgehalten, wenn auch die wachsende Macht der Sowjetunion und die Annäherung an eine
atomare Pattsituation die USA zu der Einsicht zwangen, dass
mit dem Feind auf einigen Feldern der Rüstungskontrolle und
Nuklearpolitik verhandelt werden müsse. Außerdem brach der
Feind offensichtlich nicht zusammen, sondern verfolgte ganz
im Gegenteil in der zweiten Hälfte der 50er Jahre unter
Chruschtschow das ehrgeizige Ziel, den Status einer immer
noch als zweitrangig betrachteten eurasischen Landmacht zu
verlassen und den globalen Wettbewerb mit den USA auch in
Asien, Afrika und Lateinamerika aufzunehmen – mit dem alles
überragenden Ziel, als gleichrangige Supermacht anerkannt zu
werden. Das dominante Muster der US-Außenpolitik blieb in
den 50er und 60er Jahren der Kampf gegen den Kommunismus, der durch die Einbeziehung der sogenannten Dritten
Welt in den Ost-West-Gegensatz globalisiert wurde. Es ist cha-

rakteristisch, dass Eisenhower und besonders sein späterer Außenminister John Foster Dulles im Wahlkampf von 1952, Kennedy im Wahlkampf von 1960 die jeweils im Amt befindliche Regierung und Partei mit dem Vorwurf angriffen, ihre Außenpolitik gegenüber der Sowjetunion sei zu schwach und gefährde die Position der USA. Eisenhowers Strategie der „massiven Vergeltung" und Kennedys Strategie der „flexiblen Antwort" enthielten jeweils das Versprechen, die USA sowohl für die Politik der Abschreckung als auch für den Ernstfall besser zu rüsten und die Chance zu vergrößern, dem Feind seinen Willen aufzwingen zu können.

Der sichtbarste Ausdruck der Eindämmungsstrategie war der besonders von Eisenhower und Dulles vorangetriebene Ausbau amerikanischer Militärbasen, militärischer Paktsysteme und zweiseitiger Beistandsverträge (z.b. mit den Philippinen, Japan, Südkorea und Taiwan), die sich schließlich in einem weltweiten Zirkel um die Sowjetunion und China erstreckten. Diese „Paktomanie" wurde durch eine wachsende, über den ganzen Globus verteilte Militär- und Wirtschaftshilfe ergänzt, wobei ein nicht unbedeutender Teil dieser Hilfe aus Krediten bestand, die für den Kauf amerikanischer Waffen und Waren bestimmt waren. Der Löwenanteil der Wirtschafts- und Militärhilfe floß nach Europa, gefolgt von Asien und dem Pazifik, dem Mittleren Osten, Lateinamerika, Afrika und Südasien. Ohne den geographischen und historischen Kontext ihrer Entstehung näher beschreiben zu können, seien die wichtigsten Pakte genannt.

Die schon 1949 ins Leben gerufene NATO erhielt 1955 durch den Beitritt der Bundesrepublik Deutschland stärkeres Gewicht. Ebenfalls eine klare antikommunistische Stoßrichtung hatte der 1954 auf Initiative von Dulles gegründete Südostasienpakt (SEATO), dem – neben den USA – Großbritannien Frankreich, Australien, Neuseeland, die Philippinen, Thailand und Pakistan angehörten. Nach der Niederlage Frankreichs im Indochinakrieg und der vorläufigen Stabilisierung der Lage durch die Genfer Konferenz im April 1954 wollten die Amerikaner dem Kommunismus auch in Südostasien einen Riegel vorschieben. Bereits im September 1951 hatten sich unter dem Eindruck des Koreakrieges Australien, Neuseeland und die USA zum ANZUS-Pakt zusammengeschlossen. Ein besonderes Problem für die Eindämmungs- und Paktpolitik stellte jener Teil der Welt dar, in dem drei Kontinente – Europa, Asien und Afrika – aufeinandertreffen und der im amerikanischen Sprachgebrauch „Mittlerer Osten" *(Middle East)* genannt wird. Er umfasst einen nördlichen Gürtel von Staaten, die an die Sowjetunion grenzen, Afghanistan, den Iran und die Türkei, und einen südlichen Gürtel von Staaten, die in Deutschland in der Regel als „Naher Osten" zusammengefasst werden: den Irak, Syrien, Libanon, Israel (Palästina), Jordanien, Saudi-Arabien, Ägypten, Oman und die beiden Jemen. Vor dem Zweiten Weltkrieg besaßen die USA für diese arabisch-islamische Welt kein besonderes politisches und strategisches Interesse, wenn man vom Öl dieser Region absieht, dessen Bedeutung für die USA seit den 30er Jahren bis zum Zweiten Weltkrieg stetig gewachsen war. Während des Krieges waren amerikanische Soldaten in Marokko, Algerien, Tunesien, im Iran und Ägypten stationiert, dann aber wieder abgezogen. Der Kalte Krieg änderte die Interessenlage der USA in dieser Region grundlegend. Der amerikanische Wille, im Rahmen der Eindämmungspolitik einen sowjetischen Zugriff auf die Ölfelder zu verhindern, wurde zur wichtigsten Grundlage für die amerikanische Politik in dieser Region, verbunden mit dem Vorsatz, die Ölreserven, die Experten im Jahre 1948 auf 60 % der Welt schätzten, für die Weltwirtschaft verfügbar zu halten.

Die Eindämmungspolitik verstrickte die USA zwangsläufig in die strukturellen Probleme dieser Region: in den wachsenden Nationalismus und Antikolonialismus vieler Staaten, in die Politik und Interessen der alten Kolonialmächte und Verbündeten Großbritannien und Frankreich, in den Balanceakt zwischen dem Versuch, mit den arabischen Staaten zu kooperieren, und dem Willen, Israels Existenz zu garantieren sowie in die Rivalitäten der arabischen Staaten untereinander. Da den USA aufgrund der Komplexität dieser Probleme nie eine wirkliche Befriedung der Region gelang, blieb die amerikanische Diplomatie, bei aller Konstanz in der Zielsetzung, im Kern Krisendiplomatie. Um nur einige Beispiele zu nennen: die Irankrise 1951–53, in der der amerikanische Geheimdienst CIA von Eisenhower – wie in Guatemala und Indonesien – eingesetzt wurde, um eine Regierung zu stürzen; die lange Krise um Nassers Ägypten, die 1956 in der Besetzung der Sinaihalbinsel durch Israel und in der Suez-Krise gipfelte, zu einem Einflussgewinn der Sowjetunion in Ägypten und Syrien sowie fast zu einem Auseinanderfallen der NATO führte; die Offiziersrevolten in Syrien und im Irak in den Jahren 1957/58; die Landung amerikanischer Marineinfanteristen in Beirut am 15.07.1958, einen Tag nach dem Umsturz im Irak; der Yom-Kippur-Krieg von 1973.

Durch die Eisenhower-Doktrin vom 5.01.1957 wandten die USA die Truman-Doktrin von 1947 auf den Mittleren Osten an. Der Kongress ermächtigte den Präsidenten zum Einsatz amerikanischer Streitkräfte, falls er es für nötig hielt, die Unabhängigkeit von Staaten dieser Region gegen offene Aggression von Staaten zu schützen, die „vom internationalen Kommunismus" kontrolliert würden. Schließlich versuchten die USA durch den Bagdad-Pakt (1955), den sie unterstützten, dem sie aber mit Rücksicht auf Ägypten und Israel nicht beitraten, und durch den umgetauften Bagdad-Pakt, den CENTO-Pakt, dem sie 1959 beitraten, den Mittleren Osten im antisowjetischen Sinne zu stabilisieren.

Während Eisenhower und Dulles die ganze Welt in die Eindämmungsstrategie einbezogen, überall Verbindlichkeiten eingingen und das Arsenal der Atomwaffen in wenigen Jahren verdreifachten, blieb ihr Wahlkampfversprechen unerfüllt, durch eine Politik der Befreiung den Kommunismus „zurückzurollen" *(roll back)*. Das wurde besonders deutlich in Europa: beim Aufstand der Ostdeutschen 1953, der Ungarn 1956 und beim Bau der Berliner Mauer 1961. Die USA waren nicht bereit, den Eisernen Vorhang militärisch in Frage zu stellen und um Europas, gar der Deutschen willen einen Weltkrieg zu riskieren. Es gibt Historiker, die die angebliche Politik der Befreiung für einen rhetorischen Rauchschleier halten, der es der Regierung Eisenhower in ihrer ersten Amtszeit gestattete, vor dem amerikanischen Wähler härter zu erscheinen als man tatsächlich war und zugleich die Politik Trumans fortzusetzen.

In der zweiten Amtszeit war von tatsächlicher Befreiung ohnehin keine Rede mehr, weil sich Eisenhower und dann sein Nachfolger Kennedy umgekehrt eines massiven „Roll-back"-Versuches durch Chruschtschow zu erwehren hatten. Ermutigt durch den erfolgreichen Start zweier die Erde umkreisender Raumschiff-Satelliten, der in den USA den Sputnikschock auslöste und eine sowjetische Überlegenheit in der Raketentechnik zu beweisen schien, versuchte Chruschtschow, durch die Berlin-Krise von 1958–61 die Stellung der USA und der NATO in Europa, durch die Kuba-Krise von 1962 sogar die Position der USA in der westlichen Hemisphäre zu erschüttern. Zugleich wollte er eine Statuserhöhung der Sowjetunion zu einer gleichberechtigten, globalen Supermacht erzwingen. Warum, so soll Chruschtschow ärgerlich gefragt haben, haben die Amerikaner so viele Militärbasen rund um die Sowjetunion und die Russen keine in der Nähe der USA?[11] Im übrigen war Chruschtschows Angriff ein kalkuliertes Risiko, ein Test auf die Nervenstärke Kennedys, der USA und des Westens.

In seinem Berlin-Ultimatum vom 10.11.1958 forderte Chruschtschow den Rückzug der westlichen Truppen aus Berlin, indem er drohend auf das Übergewicht der sozialistischen Kräfte in der Welt hinwies. In weiteren Erklärungen verlangte er, West-Berlin solle zu einer „freien, entmilitarisierten Stadt" erklärt werden. Innerhalb von sechs Monaten sei darüber mit der Sowjetunion eine Vereinbarung zu treffen. Falls das nicht geschehe, werde die Sowjetunion einen separaten Friedensvertrag mit der DDR abschließen. In diesem Fall sollte der Zugang zu Berlin von der DDR kontrolliert werden, jeder Angriff auf die DDR werde als ein Angriff auf die Sowjetunion betrachtet werden. Die Sowjetunion stellte den Vier-Mächte-Status von Berlin und die deutsche Einheit in Frage – im Hintergrund stand die Drohung einer neuen Blockade und einer militärischen Eskalation mit nicht absehbaren Folgen.

Das Ultimatum, das einen dreijährigen Nervenkrieg entfesselte, war eine politische Mehrzweckwaffe: Die Sowjetunion wollte eine Lösung für das massive Flüchtlingsproblem in der DDR erzwingen, die Einführung von Atomwaffen in der Bundesrepublik Deutschland verhindern, mit der internationalen Anerkennung der DDR ihre Zwei-Staaten-Theorie durchsetzen und durch den Rückzug der Westmächte aus Berlin den USA einen solchen Prestigeverlust zufügen, dass es mittelfristig zu einer Sprengung der NATO und einer Abkoppelung der USA von Europa kommen könnte.

Die Krise wurde, wie bekannt, durch einen Kompromiss der Supermächte gelöst, der die bestehende Teilung Deutschlands im wörtlichen Sinne zementierte und den Status quo, wie sich zeigen sollte, bis 1989 festschrieb. Die Amerikaner nahmen den Bau der Mauer hin, die Sowjets respektierten Kennedys drei „essentials": das Recht der Westmächte auf Anwesenheit in Berlin, das Recht auf Zugang nach Berlin, die Verpflichtung, die Selbstbestimmung der Westberliner und die freie Wahl ihrer Lebensform zu garantieren. Erneut konkretisierte sich die überragende Konstante der amerikanischen Deutschlandpolitik zwischen 1941 und 1990, ihre Abhängigkeit von der US-Politik gegenüber der Sowjetunion.

In der Kuba-Krise vom Oktober 1962 griff Chruschtschow sogar das Allerheiligste des amerikanischen Sicherheitssystems an: die Karibik, die auch nach 1945 wie selbstverständlich zum Kernbereich der amerikanischen Sicherheit gehörte. Die Monroe-Doktrin aus dem Jahre 1823 galt weiter. Der mit den lateinamerikanischen Staaten 1947 abgeschlossene Rio-Pakt sollte die Integrität der westlichen Hemisphäre garantieren. Die offenen militärischen Interventionen der USA nach dem Zweiten Weltkrieg in Guatemala, Kuba, der Dominikanischen Republik, Grenada und Panama – von den „verdeckten" Operationen der Geheimdienste und Militärberater ganz zu – wurden bis zur Amtszeit von Präsident Ronald W. Reagan (1981–1989) mit der Abwehr der kommunistischen Gefahr begründet. Nur Präsident James E. Carter (1977–1981) versuchte vergeblich, die amerikanische Lateinamerika-Politik aus der Ost-West-Achse in die Nord-Süd-Achse zu drehen.

1959/60 erhöhte Castros kubanische Revolution die Aufmerksamkeit Washingtons gegenüber Lateinamerika schlagartig. Zum ersten Mal seit 1945 erhielt diese Region höchste Priorität. Die Regierung Kennedy – und alle folgenden Regierungen bis zum Ende des Kalten Krieges – kamen zu dem Entschluss, Castro zu isolieren, vielleicht sogar zu stürzen und eine Ausweitung kommunistischer Systeme in Lateinamerika mit allen Mitteln zu verhindern. Die Dominotheorie galt auch für Lateinamerika. Deshalb konnte Kennedy den Versuch der Sowjetunion, heimlich sowjetische Mittelstreckenraketen auf Kuba zu stationieren, die das amerikanische Festland bedrohten, unmöglich akzeptieren. Die dramatische Krise im Oktober 1962, die die Welt zwar nicht an den Rand, aber in die Nähe einer nuklearen Katastrophe führte, weil sie von gegenseitigen Fehlwahrnehmungen beherrscht war, wurde ebenfalls durch einen Kompromiss beigelegt: Chruschtschow zog die Raketen ab, die USA versprachen, Kuba nicht militärisch anzugreifen und eigene Mittelstreckenraketen aus der Türkei zu entfernen.

Die Präsidentschaft Kennedys war auch eine wichtige Etappe in der zunehmenden Verstrickung der USA in den Bürgerkrieg in Vietnam, die unter Eisenhower Anfang der 50er Jahre begann, unter Kennedys Nachfolger Johnson dramatisch eskalierte und von Präsident Nixon, zusammen mit seinem Berater und Außenminister Kissinger, unter gewaltigen Kosten für Vietnam, Laos und Kambodscha als „ehrenvoller Abzug", nicht als bedingungslose Kapitulation, 1975 beendet wurde.

Der Vietnamkieg stellte in vieler Hinsicht einen Höhe- und zugleich Wendepunkt amerikanischer Eindämmungspolitik dar. Präsident Johnson stand noch ganz in der Tradition Trumans, Eisenhowers, Kennedys, ja der Mehrheit der außenpolitischen Entscheidungselite *(The Best and the Brightest)* seines Landes und der Logik von NSC 68. Er war davon überzeugt, dass der nordvietnamesische Vietcong als Teil einer allgemeinen kommunistischen Aggression, die ganz Asien bedrohte, gestoppt werden musste. Seine Reden waren noch ganz von der zivilreligiösen Rhetorik des Kalten Krieges beherrscht. Seine Erfahrungen und seine Weltsicht ließen es nicht zu, den Vietnamkrieg als nationalen und antikolonialen Befreiungskampf zu deuten. Er wollte überdies kein zweiter Chamberlain werden, und er hatte geradezu panische Angst davor, nach einem „Verlust" Vietnams zur Zielscheibe eines neuen McCarthy, einer innenpolitischen Hexenjagd gemacht und aus dem Amt gefegt zu werden. Johnson fürchtete die Kritik der nationalen Rechten, während die innenpolitische Unterstützung für den Vietnamkrieg in weiten Teilen des mittleren und linken Spektrums der Gesellschaft und im Kongress wegbrach. Am Ende seiner Präsidentschaft war Johnson ein gebrochener Mann. Die Dynamik eines komplexen Ursachenbündels hatte den Konsens über diesen Krieg zerstört: die Kulturrevolution von 1968, Rassenunruhen, Bürgerrechtsbewegungen, das Aufkommen einer „neuen Linken", die stetige Zunahme der amerikanischen Truppen – auf dem Höhepunkt standen fast 600 000 amerikanische Soldaten in Vietnam –, die nicht zur Niederlage des Feindes führte, sondern zu einer steigenden Zahl amerikanischer Toter, die Kriegsverbrechen amerikanischer Soldaten und die Bilder des Krieges im amerikanischen Fernsehen.

Die moralische und geistige Revolte gegen den Vietnamkrieg stellte auf breiter Front die Grundlage amerikanischer Weltpolitik in Frage, den amerikanischen Globalismus und die überparteiliche Überzeugung, dass Eurasien, ja die ganze Welt von vitalem Interesse für die USA sei. Die inneramerikanischen Kritiker, besonders die „neue Linke", nahmen Amerika das gute Gewissen eines freiheits- und friedensstiftenden Weltpolizisten. Selbst Amerikas „gerechtester Krieg", der Zweite Weltkrieg, geriet in den Strudel der Kritik. Links von der Mitte wurde Amerikas Geschichte neu gedeutet: Nicht die Sowjetunion, sondern die USA seien die imperiale Macht der Gegenwart. Seit der Gründung der Union im Jahre 1776 sei US-Außenpolitik immer ein Reflex des aus innerer wirtschaftlicher Notwendigkeit auf äußere Expansion angewiesenen liberal-kapitalistischen Systems gewesen. Dieser Zwang äußere sich in dem unablässigen Versuch, eine globale, den Handels- und Kapitalbedürfnissen dieser Wirtschaft angepaßte Pax Americana zu errichten und notfalls gegen alle revolutionären Bewegungen mit Gewalt zu konservieren. Der Kalte Krieg sei entstanden, weil sich die Sowjetunion diesem Anspruch widersetzt habe.

Als 1975 der letzte amerikanische Hubschrauber aus Saigon ausflog, hatten die USA nicht nur zum erstenmal einen Krieg verloren, sondern – vorübergehend – auch die Unschuld einer selbstbewussten Supermacht, die von sich glaubte, immer und in allen Teilen der Welt im Recht zu sein.

VI. Kapitel

Die überdehnte Supermacht
US-Außenpolitik zwischen begrenzter Entspannung und
Kaltem Krieg, 1969–1991

Obwohl der Vietnamkrieg – und die Watergate-Affaire, die Präsident Nixon das Amt kostete, – kurzfristig zu tiefen innenpolitischen Konflikten, zu einer schweren Erschütterung des amerikanischen Selbstbewusstseins, zum Zweifel an der eigenen politischen und moralischen Vorbildlichkeit und der zivilreligiösen Sendungsidee des auserwählten Volkes, zu Klagen über die „imperiale Präsidentschaft", zur Einsicht in die Grenzen der amerikanischen Macht- und Hilfsmittel geführt hatte; obwohl durch eine neue außenpolitische Strategie Nixons und Kissingers die schon vorhandenen Tendenzen zu einer begrenzten „Entspannungspolitik" besonders in Europa und auf dem Gebiet der Rüstungsbegrenzung verstärkt wurden; obwohl sich durch den Bruch Chinas mit der Sowjetunion sowie das wachsende weltwirtschaftliche Gewicht Japans und Westeuropas die bipolare Struktur der Welt auflockerte und obwohl die USA zusehends die wirtschaftlichen Grundlagen ihrer Weltpolitik einbüßten, zeigt sich in der Rückschau, dass auch nach dem Ende des Vietnamkrieges die antagonistische Grundstruktur des Kalten Krieges das Leitmotiv der amerikanischen Weltpolitik bis zum Zusammenbruch der Sowjetunion blieb. Der globale Wettbewerb der Supermächte ging selbst in der Hochzeit der sogenannten Entspannungspolitik (1970–75) weiter.

Seit der Mitte der Amtszeit Präsident Carters verlor die begrenzte Entspannungspolitik mehr und mehr die innenpolitische Zustimmung in den USA, als die Amerikaner zu dem Entschluss kamen, dass die Sowjetunion die bestehende Machtbalance durch militärische Interventionen, etwa im Jemen, in Angola, in Äthiopien und vor allem in Afghanistan, zu ihren

Gunsten verändern wollte sowie trotz der ausgehandelten Rüstungskontrollabkommen gefährlich weiterrüstete. In der ersten Amtszeit Präsident Reagans (1981–1985) konnten sich die Amerikaner wieder auf einen Präsidenten stützen, der, wie Wilson oder Dulles, ein von jedem Selbstzweifel freies, manichäisches Weltbild besaß und entschlossen war, im Kampf für die Freiheit und gegen den Kommunismus alles zu tun, um das „Reich des Bösen" zur Umkehr zu zwingen. Erst die Revolution der internationalen Beziehungen in den Jahren 1989/90, die Selbstauflösung der Sowjetunion und des sowjetischen Imperiums 1991 machten die Politik der Eindämmung gegenstandslos.

Ironischerweise war der Kalte Krieger Nixon der einzige amerikanische Präsident nach 1945, der unter dem Druck des Vietnamkrieges eine außenpolitische Alternative zur Eindämmungspolitik entwickelte und teilweise in die Tat umsetzte. Er wurde angeregt und unterstützt von seinem nationalen Sicherheitsberater Henry Kissinger, der bereits in seiner Magisterarbeit alle geschichtsphilosophischen Fortschrittsmodelle einer kritischen Prüfung unterzogen und sein Denken an großen europäischen Konservativen und „Realisten" geschult hatte, besonders an Richelieu und Metternich, Castlereagh und Bismarck. Kissinger wollte die Amerikaner vom Manichäismus befreien und ihnen ausgerechnet jenes Konzept der internationalen Beziehungen zurückgeben, von dem der Moralist und Missionar Wilson die Welt hatte erlösen wollen: das Konzept des Gleichgewichtes der Mächte. Selbst eine nur relative Stabilität der internationalen Beziehungen – das Beste, was man angesichts der *condition humaine* erwarten könne, – war für Kissinger nur zu gewinnen, wenn die Existenz der Hauptmächte, unabhängig von ihrer jeweiligen inneren Ordnung, als legitim anerkannt, das heißt, wenn sie als Mächte nicht in Frage gestellt würden. Das Verhältnis der Staaten zueinander dürfe nicht von ihrer innenpolitischen Struktur abhängig gemacht werden, sondern von ihrem außenpolitischen Verhalten. So, wie es den Staatsmännern auf dem Wiener Kongress 1814/15 gelungen war, durch die Anerkennung dieses Prinzips für ein Jahrhundert den Frieden in Europa zu bewahren, so seien die USA aufgerufen, eine stabile tripolare, besser pentagonale Ordnung der Hauptmächte USA, Sowjetunion, China, Japan und Europa zu stiften. Die amerikanische Außenpolitik dürfe sich deshalb, so Kissinger, weder als eine „Unterabteilung der Theologie" noch als eine „Unterabteilung der Psychiatrie"[1] verstehen. Die Politik der Falken, der Theologen, die in missionarischem Eifer die kommunistischen Systeme in der Sowjetunion, in China oder in Vietnam zum Einsturz bringen wollten, verfehlten ebenso die realistische Mitte wie die Politik der Tauben, der Psychiater, die immer wieder von der Illusion ausgingen, die vermeintlich friedlichen Fraktionen innerhalb feindlicher Staaten durch Anreize zu stützen.

Legitimität und Stabilität waren für Kissinger auch deshalb die obersten Maximen einer verantwortungsvollen Außenpolitik, weil im Zeitalter der Nuklearwaffen der schlimmste anzunehmende Unfall, ein nuklearer Holocaust, unbedingt verhindert werden müsse. Kissinger, der Nixon „diente" wie einst Metternich Kaiser Franz I., versuchte, die Amerikaner aus ihrer einseitigen Fixierung auf die „Lehren von München" zu lösen und ihre Aufmerksamkeit auf die „Lehren von Versailles" zu lenken – auf die Notwendigkeit einer (über-)lebensfähigen internationalen Ordnung. Die Welt, so Nixon 1971, würde sicherer sein, wenn es fünf gesunde und stabile Zentren gebe – die USA, Europa, die Sowjetunion, China und Japan –, die sich gegenseitig in der Balance hielten. Nicht der Kommunismus, sondern die internationale Anarchie sei die größte Gefahr. Eine solche neue Ordnung der Welt würde es den USA auch gestatten, einen Teil ihrer Lasten auf andere Schultern zu verteilen (Nixon-Doktrin), denn es wurde immer klarer, dass die USA sich mit dem Vietnamkrieg wirtschaftlich übernommen hatten. Die sich rasant verschlechternde Devisenbilanz war nur ein Indiz für die Überdehnung der amerikanischen Macht.

Kissinger glaubte zudem, im Besitz einer diplomatischen Methode zu sein, die für China und die Sowjetunion genügend

Anreize bot, um ihrerseits als „legitime" Staaten zu handeln, die Methode des „linkage", der Verknüpfung verschiedener Verhandlungsgegenstände nach dem Prinzip von Zuckerbrot und Peitsche. Das vermutete Interesse der Sowjetunion z.b an Rüstungsbegrenzungsabkommen, an der Aufrechterhaltung des Status quo in Europa, an Technologie und Waren aus dem Westen würde den Kreml veranlassen, die Nordvietnamesen an den Verhandlungstisch zu bringen und sich in der Dritten Welt zu mäßigen. Oder: Die Vermutung Nixons und Kissingers, dass angesichts der Grenzkonflikte am Ussuri „die Sowjetunion und China sich gegenseitig mehr fürchten als die Vereinigten Staaten"[2], es also gar keinen kommunistischen Block gebe, musste ausgenutzt werden, um nach 20jähriger Funkstille das Verhältnis der USA zu China grundlegend zu ändern, China als Akteur in die internationalen Beziehungen einzubinden und zugleich die chinesische Karte zu nutzen, um sowohl die eigene Beweglichkeit zu erhöhen als auch Druck auf Moskau auszuüben. Während die Amerikaner auch deshalb in den Vietnamkrieg eingetreten waren, um China und die Sowjetunion einzudämmen, hoffte man nun, mit beider Hilfe Nordvietnam einzudämmen. Die tatsächliche Außenpolitik des Gespanns Nixon/Kissinger wurde aus dieser neuen Strategie geboren, der einzigen Innovation der US-Außenpolitik seit NSC 68.

Nach geheimen Vorverhandlungen und diplomatischen Signalen beider Seiten betrat Nixon im Februar 1972, für die damalige Zeit sensationell und ein großes Medienereignis, als erster amerikanischer Präsident chinesischen Boden, um in Verhandlungen mit Mao und Chou En-Lai das Verhältnis zu China auf eine neue Grundlage zu stellen. Obwohl sich beide Seiten über das dornigste Problem, die Zukunft Nationalchinas (Taiwans), nicht einigen konnten, erklärten sie in einem Kommuniqué, dass die Normalisierung ihrer Beziehungen nicht nur im Interesse beider Staaten liege, sondern zum Abbau von Spannungen in Asien und der Welt beitrage. Beide Parteien versicherten, keine Hegemonie im asiatisch-pazifischen Raum errichten zu wollen und sich jedem Versuch dazu durch andere

Mächte zu widersetzen. Diesen kaum verschleierten Hinweis auf die Sowjetunion haben Nixon und Kissinger als Triumph und Bestätigung ihrer neuen Strategie angesehen. Man beschloss außerdem, den wissenschaftlichen, kulturellen und wirtschaftlichen Austausch zu vertiefen; volle diplomatische Beziehungen wurden schließlich erst 1979 aufgenommen. Den Sitz im Sicherheitsrat der UNO hatte das kommunistische China anstelle von Taiwan, gegen den Willen der USA, bereits 1971 eingenommen.

Das neue amerikanisch-chinesische Verhältnis war ein As im Ärmel von Präsident Nixon, als er im Mai 1972 zu seiner zweiten großen Reise aufbrach, dieses Mal nach Moskau, um trotz einer Verschärfung des Terrorbombardements in Vietnam weitreichende Abkommen mit Breschnew zu unterzeichnen, die als ein Höhepunkt der Entspannungspolitik gelten. Schon nach dem Schock der Kuba-Krise war es zwischen den beiden Supermächten zu einigen Verträgen gekommen, um das Wettrüsten zu bremsen und die Wahrscheinlichkeit eines nuklearen Überraschungsangriffes zu verkleinern. 1962 hatten die beiden Mächte eine gemeinsame friedliche Nutzung des Weltraumes auf einigen Gebieten vereinbart, 1963 eine direkte Fernschreibverbindung („heißer Draht") zwischen dem Kreml und dem Weißen Haus installiert. 1967 unterzeichneten die USA, die Sowjetunion und Großbritannien einen Vertrag über die friedliche Erforschung und Nutzung des Weltraumes; am 1. Juli 1968 machten dieselben drei Staaten den Versuch, durch den Vertrag über die Nichtverbreitung von Atomwaffen zugleich das Monopol der Atommächte zu sichern und eine unkontrollierte Vermehrung von Atommächten zu verhindern, um das System der nuklearen Abschreckung kalkulierbar zu halten. Es lag im Interesse der drei Mächte, der Bundesrepublik Deutschland den Zugang zu Atomwaffen zu verwehren. Zum Spannungsabbau sollte auch der Harmel-Bericht der NATO vom Dezember 1967 beitragen, der die zukünftige Politik des Bündnisses auf die beiden Pfeiler der militärischen Verteidigung und der Entspannung stellte.

Bei Nixons Besuch in Moskau wurde die erste seit 1970 laufende Runde von Verhandlungen über die Begrenzung strategischer Rüstungen (SALT I) abgeschlossen. Es ging nicht um Abrüstung, sondern darum, die offensiven Trägerwaffensysteme zu begrenzen, indem beide Seiten Höchstgrenzen für nukleare Interkontinentalraketen und für Raketen, die von U-Booten abgefeuert werden, festlegten. Zugleich einigte man sich auf einen Rüstungsstopp und eine Begrenzung ballistischer Raketenabwehrsysteme, die ja theoretisch geeignet waren, einer Seite die Zweitschlagskapazität zu nehmen, was wiederum das Gleichgewicht des Schreckens zerstört hätte. SALT I hinterließ zwei Probleme: Der Vertrag war auf fünf Jahre begrenzt und er verbot nicht die qualitative „Verfeinerung" der bereits vorhandenen Waffensysteme, etwa eine Vermehrung der atomaren Sprengköpfe der Raketen. Die Zukunft der Rüstungskontrolle oder gar eine wirkliche Abrüstung hingen ganz von der gegenseitigen politischen Einstellung der Supermächte ab. Militärisch hatte sich der Rüstungswettlauf schon längst ad absurdum geführt. 1972 besaßen die USA und die Sowjetunion genügend nukleare Waffen, um über jedem Mann, jeder Frau und jedem Kind auf der Erde fünfzehn Tonnen radioaktiven TNTs explodieren zu lassen.[3]

Während sich die beiden Supermächte durch den SALT-I-Vertrag eine ungefähre nukleare Parität zugestanden, verpflichteten sie sich in einer Grundsatzerklärung zur „friedlichen Koexistenz" und dazu, künftig Konfrontationen zu vermeiden. Das sowjetische Wohlverhalten wurde belohnt: Die Sowjetunion durfte im großen Stil Weizen auf dem amerikanischen Markt aufkaufen, und im Oktober 1972 wurde ihr in einem Handelsvertrag sogar die unbedingte Meistbegünstigungsklausel zugestanden.

Gleichberechtigung, Parität und die Anerkennung des Status quo in Europa gehörten – besonders aus sowjetischer Sicht – zu den Kernelementen der Entspannungspolitik. Deshalb standen Nixon und Kissinger der neuen deutschen Ostpolitik (Wandel durch Annäherung) der sozialliberalen Koalition unter Kanzler

Willy Brandt – beraten von seinem „Kissinger" Egon Bahr – mit einiger Reserve gegenüber, weil sie langfristig eine über den Status quo hinausgehende Dynamik in Gang zu setzen drohte. Außerdem fürchteten die USA, Deutschland könne – außenpolitisch allzu unabhängig – nach Osten abdriften, sich „finnlandisieren" oder gar versuchen, eine neutrale Politik zwischen den Blöcken zu betreiben. Berlin war der Hebel, um die Ostpolitik der Bundesrepublik unter Kontrolle zu behalten. Nur wenn die Sowjetunion die Bindung und Verbindung zwischen der Bundesrepublik und West-Berlin garantierte, konnte die Bundesrepublik die DDR und den territorialen Status quo in Europa anerkennen; nur die USA konnten die Sowjetunion dazu bewegen, eine solche Garantie auszusprechen. Deshalb wurde das Vier-Mächte-Abkommen über Berlin von 3. Dezember 1971 politisch ein integraler Bestandteil der Ostverträge, des Moskauer Vertrages vom August 1970, des Warschauer Vertrages vom Dezember 1970 und des Grundlagenvertrages zwischen der Bundesrepublik und der DDR vom Dezember 1972. Den USA schien es gelungen zu sein, die deutsche Ostpolitik in ihre Definition von Entspannung einzubinden.

Die Ostverträge machten auch den Weg frei für die Konferenz über Sicherheit und Zusammenarbeit in Europa (KSZE), eine Folge von Gesprächen und Konferenzen, an denen sich zwischen 1972 und 1975 über dreißig Staaten beteiligten. Ihre Ergebnisse wurden am 1. August 1975 in der Schlussakte von Helsinki festgelegt. Es waren Prinzipien und Empfehlungen ohne völkerrechtliche Verbindlichkeiten. Im globalen Kalkül der Regierung Nixon/Kissinger waren die Gespräche in erster Linie ein weiteres Signal der Entspannung an die Sowjetunion, die ein massives Interesse an jenen Klauseln wie Gewaltverzicht, Unverletzlichkeit der Grenzen und territoriale Integrität der Staaten hatte, die eine Zementierung des Status quo, das heißt eine endgültige Teilung Europas versprachen. Im Gegenzug musste die Sowjetunion widerwillig das Bekenntnis zum Selbstbestimmungsrecht der Völker sowie zur Achtung der Menschenrechte und Grundfreiheiten der Bürger (Korb III) akzeptieren, wohl wissend, dass die tatsächliche Durchsetzung dieser Freiheiten die kommunistischen Systeme des Ostblocks zum Einsturz bringen musste. Die Schlussakte von Helsinki war, wie die Ostverträge, zugleich ein Instrument des Status quo und seiner Überwindung. Deshalb konnten Nixon und sein Nachfolger Ford Helsinki als einen Beitrag zur Stabilisierung in Mitteleuropa und zur Behandlung der Sowjetunion als legitime Macht betrachten, während Carter und Reagan Korb III als Mittel einer Menschenrechtspolitik einsetzten. Das vergleichsweise mäßige Interesse der USA an dem KSZE-Prozess war im übrigen ein Beispiel dafür, dass die Regierung Nixon Europa nur wenig Beachtung schenkte, sich allenfalls verärgert zeigte, wenn die Europäer die Politik der Amerikaner in Vietnam, im Mittleren Osten oder während der Ölkrise kritisierten. Kissingers Ankündigung, das Jahr 1973 zum „Jahr Europas" zu erklären, folgten keine besonderen Taten.

Ausgangspunkt der neuen Strategie Nixons und Kissingers war, wie bereits angedeutet, die Situation in Vietnam. Die beiden Politiker hofften, China und die Sowjetunion durch die Politik von Zuckerbrot und Peitsche dazu bewegen zu können, einen ehrenvollen Rückzug der Amerikaner aus Vietnam zumindest zu dulden, vielleicht sogar durch Druck auf Nordvietnam zu fördern. In der Tat haben Russen und Chinesen die Bombardierung von Vietnam, Laos und Kambodscha hingenommen, während es bis heute umstritten ist, ob und bis zu welchem Grad die beiden Staaten den politischen Willen Nordvietnams beeinflussen konnten.

Nixon und Kissinger standen seit 1969 vor einem Dilemma: Einerseits wussten sie, dass die USA den Krieg nicht gewinnen konnten, es sei denn durch einen militärisch sinnlosen, moralisch nicht zu rechtfertigenden und innenpolitisch nicht durchzuhaltenden Einsatz von Atomwaffen; andererseits waren sie entschlossen, die von Nordvietnam angestrebte bedingungslose Kapitulation unter allen Umständen zu verhindern. Eine solche Demütigung der USA hätte, so fürchteten Nixon und Kissinger, die Weltgeltung der Supermacht USA untergraben, ein „geopolitisches Desaster"[4] heraufbeschworen und die gewünschte pentagonale Neuordnung der Welt im Kern getroffen.

Während die nordvietnamesischen Unterhändler den bedingungslosen Rückzug der amerikanischen Truppen und den Sturz der von den USA gestützten südvietnamesischen Regierung Nguin Van Thieu forderten, betrieb Nixon eine „Vietnamesierung" des Krieges, um die amerikanischen Soldaten abziehen zu können. Eine gut ausgebildete und mit modernsten Waffen ausgerüstete Streitmacht Südvietnams sollte, so der Plan, die Vietkong-Guerilla und die nordvietnamesische Regierung zu einem Waffenstillstand zwingen, der einerseits den Rückzug der US-Truppen, andererseits den Rückzug der Kommunisten aus Südvietnam, Laos und Kambodscha vorsah. Die massive Bombardierung der kommunistischen Nachschubwege in Laos und Kambodscha, die zu bürgerkriegsähnlichen Reaktionen in den USA selbst führte, sollte die Nordvietnamesen gefügig machen. Im Januar 1973 schließlich unterzeichneten beide Parteien einen Kompromiss, wonach die US-Truppen abziehen und der Vietkong sowie die nordvietnamesischen Truppen im Süden bleiben durften. Allerdings musste Hanoi die Existenz der Regierung Thieu anerkennen. Während das Übereinkommen für die Zukunft Südvietnams eine politische Lösung vorsah, war vermutlich schon den Unterzeichnern klar, dass eine endgültige Entscheidung nur auf dem Schlachtfeld gefunden werden konnte.

Während die USA ihre Truppen schnell abzogen, aber im Golf von Tonking, in Thailand und in Guam durch ihre Luftwaffe und Marine eine gewaltige Zerstörungskraft in Reserve hielten, gaben sich Nixon und Thieu anfänglich der Illusion hin, dass Südvietnam eine gute Chance habe, die kommende Auseinandersetzung zu gewinnen. Nixon unterstützte die Regierung Thieu, soweit die Hilfe mit dem Wortlaut des Abkommens vom Januar 1973 noch gerade vereinbar war. Doch Nixons Strategie scheiterte in den USA selbst. Er verlor die innenpolitische Unterstützung, der Watergate-Skandal untergrub seine Autorität, der Kongress beschränkte die Hilfe an Südvietnam und die Kompetenz des Präsidenten, Krieg zu führen *(War Powers Act)*.

Selbst die von Nixon und Kissinger wiederholt bemühte Allzweckwaffe der US-Außenpolitik, die Dominotheorie, blieb in dieser Situation wirkungslos. Die abnehmende amerikanische Hilfe demoralisierte das ohnehin korrupte Regime Thieu weiter. Als die große Offensive des Nordens 1974/75 begann, zeigte sich, dass die gut ausgerüstete Armee des Südens mit rund einer Million Soldaten kaum Widerstandskraft besaß. Am 30. April 1975 marschierten kommunistische Verbände in Saigon ein.

Die USA verloren einen Krieg, in dem schätzungsweise zwei Millionen Vietnamesen und 58000 amerikanische Soldaten getötet, große Teile Vietnams, Kambodschas und Laos' „entlaubt" und verwüstet wurden und die Zivilbevölkerung außerordentlichen Leiden ausgesetzt war. Die von den Regierungen Eisenhower, Kennedy, Johnson und Nixon befürchteten weltpolitischen Folgen eines kommunistischen Sieges blieben allerdings aus. Außerhalb von Indochina gab es keine Dominoeffekte, die USA verloren durch die Niederlage nicht ihren Status als Supermacht. Krieg und Niederlage änderten weder die Grundstruktur des Kalten Krieges noch die begrenzte Entspannungspolitik gegenüber der Sowjetunion und China. Auch der Versuch Nixons und Kissingers, die internationale Ordnung in eine neue pentagonale Struktur zu überführen, scheiterte nicht am Vietnamkrieg, sondern an der sowjetischen Politik und der Desillusionierung des amerikanischen Volkes über die ausgebliebenen Früchte der Entspannungspolitik. Innenpolitisch wurde die Niederlage zunächst verdrängt. Es war erstaunlich, wie schnell die Amerikaner zur Tagesordnung übergingen: Bei den Feiern zum 200. Jahrestag der amerikanischen Unabhängigkeit im Jahre 1976 spielte der Vietnamkrieg kaum noch eine Rolle.

Wie sehr die antagonistische Grundstruktur im sowjetisch-amerikanischen Verhältnis und ihre weltweite Auseinandersetzung trotz der selektiven Entspannungspolitik andauerten, zeigte die Krise im Mittleren Osten, die am 6. Oktober 1973 durch den Überraschungsangriff ägyptischer und syrischer

Truppen auf Israel am Yom-Kippur, dem heiligsten Feiertag Israels, ausgelöst und mit einer erfolgreichen Gegenoffensive beantwortet wurde. Da Kissinger entschlossen war, der Sowjetunion den machtpolitischen Zutritt zu dieser Region zu verwehren, der Kreml aber genau das erreichen wollte, beschloss der nationale Sicherheitsrat der USA, die Alarmbereitschaft der weltweiten Streitkräfte der USA auf Stufe drei anzuheben, zwei Stufen entfernt von der atomaren Apokalypse. Kissinger konnte den Einsatz sowjetischer Soldaten in Ägypten verhindern und sich selbst diplomatisch in eine Lage manövrieren, in der Israel und die arabischen Staaten seiner Vermittlerdienste bedurften, um zunächst einen Waffenstillstand, dann Abkommen zwischen Israel und Ägypten sowie zwischen Israel und Syrien zu schließen. Allerdings konnte er den Gegenschlag der arabischen Länder nicht verhindern, die im Rahmen der OAPEC *(Organization of Arab Petroleum Exporting Countries)* ein Ölembargo gegen die USA und die Niederlande verhängten, um die USA zu zwingen, Druck auf Israel auszuüben.

Außerdem wurde der Preis für Öl in den Jahren 1973/74 um das Vierfache und 1978/79 noch einmal um die Hälfte angehoben. Die Folgen für die Struktur der Weltwirtschaft im allgemeinen und die durch den Vietnamkrieg ohnehin schon negative Devisenbilanz der USA im besonderen waren gewaltig. Als kurzfristiger Gewinner der Krise konnte der Schah von Persien gelten. Er hatte einerseits in der OPEC *(Organization of Petroleum Exporting Countries)* eine preistreibende Rolle gespielt, andererseits die USA weiter mit Öl versorgt und dafür die amerikanischen Waffenimporte in sein Land vervielfacht.

Zur gleichen Zeit verschärfte sich die Rivalität der Supermächte in Afrika, beide Staaten machten diesen Teil der Dritten Welt verschärft zum Schauplatz des Kalten Krieges. Die Sowjetunion und Kuba zum Beispiel griffen mit Waffen und Soldaten in Angola, Uganda und Somalia ein, die Amerikaner ebenfalls in Angola, Kenia, Zaire und Äthiopien. Als der Kongress weitere Hilfe an Angola verbot, hielt Kissinger das für einen schwerwiegenden Fehler, der zum Autoritätsverlust der amerikanischen Regierung und Bedeutungsverlust der US-Außenpolitik führe.

Die für die USA überraschenden Interventionen der Sowjetunion in der Dritten Welt waren eine wichtige Ursache für den ab 1975 verstärkt einsetzenden Bewusstseins- und Stimmungswandel in den USA, der zu einer scharfen Kritik an Kissinger und der Entspannungspolitik führte. Die Einschätzung der Sowjetunion schwang zum klassischen Muster der Früh- und Hochphase des Kalten Krieges zurück, die Entspannungsgegner forderten entschieden eine neue Politik der Stärke. Sie waren zunehmend weniger bereit, Kompromisse mit der Sowjetunion einzugehen, obwohl beide Staaten in Fragen der Nuklearpolitik und Rüstungskontrolle zu einem Mindestmaß an Kooperation verdammt blieben. Denn trotz des Stimmungsumschwunges liefen unter den Präsidenten Ford und Carter die Verhandlungen zur Rüstungskontrolle weiter, um das im Oktober 1977 ablaufende SALT-I-Abkommen zu ersetzen. Es war allerdings bezeichnend für die neue Stimmung, dass der im Juni 1979 in Wien von Breschnew und Carter unterzeichnete SALT-II-Vertrag an den Entspannungsgegnern im Senat scheiterte und damit der Weg für die nächste Windung der – sicherheitspolitisch ohnehin unsinnigen – Rüstungsspirale auch vertraglich frei wurde. Zwei Vorstellungen gewannen in den USA an Einfluss. Erstens: Die Sowjetunion nutze die durch Vietnam und Watergate entstandene innere und äußere Schwäche der USA, um über die von Nixon/Kissinger zugestandene Parität hinauszugehen und sich selbst weltweit als überlegene Supermacht zu etablieren. Die sowjetische Aufrüstung seit 1975 – neue Interkontinentalraketen, neue atomgetriebene U-Boote, der Aufbau von sechs Hochseeflotten, die Aufstellung neuer, besonders für Europa gefährlicher Mittelstreckenraketen, der wachsende Anteil der Rüstungsausgaben am sowjetischen Bruttosozialprodukt, der nach Berechnungen des amerikanischen Geheimdienstes doppelt so hoch gewesen sein soll wie in den USA – wurde in diesem Sinne verstanden. Zweitens: Die Strategie der „Realisten" Nixon und Kissinger, die die Sowjetunion als legitime Macht behandelte, aber nicht zu einem Systemwechsel im Innern zwingen wollte, hatte, so schien es vielen Amerikanern, der US-Außenpolitik ihre ideelle, zivilreligiöse Grundlage entzogen. Die Kritiker der Entspannungspolitik mobilisierten erneut die moralisch-missionarische Grundlage der US-Weltpolitik im 20. Jahrhundert, indem sie die Politik gegenüber der Sowjetunion mit der Frage der Menschenrechte verbanden, eine „Linkage"-Politik, die sich radikal von Kissingers Methode unterschied. Senator Jackson gelang es, das amerikanisch-sowjetische Handelsabkommen von 1972 zu torpedieren, weil er die Gewährung der Meistbegünstigung an die Sowjetunion an die Bedingung knüpfte, dass die UdSSR die Zahl der jüdischen Emigranten entscheidend erhöhte. Der Präsidentschaftskandidat der Demokratischen Partei im Jahre 1976, Jimmy Carter, machte die Menschenrechte zu einem herausragenden Thema seines Wahlkampfes und über die ersten hundert Tage seiner Amtszeit hinaus zu einem wichtigen Bestandteil seiner Außenpolitik, was von der Sowjetunion als Kampfansage und Gefährdung der Entspannungspolitik interpretiert wurde. Der gutmeinende, aber unerfahrene Carter, der wie ein Don Quichote in alle Richtungen zugleich davonritt, schien nicht zu verstehen, warum seine Politik, gleichzeitig mit prominenten sowjetischen Dissidenten zu korrespondieren und tiefgehende Rüstungsbegrenzungen zu fordern, bei Generalsekretär Breschnew und Außenminister Gromyko auf eisige Ablehnung stieß. Carter benötigte danach zwei Jahre, um die Sowjetunion zum SALT-II-Abkommen zu bewegen.

Die offensichtliche Hoffnung der Sowjetunion, durch Druck und mit Hilfe der Friedensbewegung Europa vom NATO-Doppelbeschluss (Dezember 1979) abzubringen, der ab Ende 1983 die Stationierung von 108 Pershing-II-Raketen und 464 Marschflugkörpern *(Cruise-Missiles)* vorsah, falls es nicht zu erfolgreichen Verhandlungen über den Abbau der sowjetischen Mittelstreckenraketen (INF – *Intermediate Nuclear Forces*) käme; vor allem aber der Einmarsch der Sowjetunion in Afghanistan am 24. Dezember 1979 verstärkten den doppelten Eindruck von der Schwäche der USA und der Aggressivität der Sowjetunion, die zum ersten Male seit dem Zweiten Weltkrieg mit eigenen Streitkräften die im Kalten Krieg abgesteckten Einflusssphären überschritt und die gesamte Region des Persischen Golfes unmittelbar zu bedrohen schien. Die amerikanischen Sanktionen erfolgten rasch und noch zur Amtszeit Carters, unter anderem ein Exportverbot von Weizen und Hochtechnologie sowie der Boykott der Olympischen Spiele 1980 in Moskau. In dieser Atmosphäre konnte der Senat sich nicht dazu entschließen, den SALT-II-Vertrag zu ratifizieren.

Wie vor ihm Truman, Eisenhower und Nixon und nach ihm Reagan, wurde auch Carter zum Schöpfer einer Doktrin des Kalten Krieges, der Carter-Doktrin, wonach die USA notfalls militärisch eingreifen würden, falls eine ausländische Macht versuchen sollte, die Region des Persischen Golfes unter ihre Kontrolle zu bringen. Carter, dem es immerhin gelungen war, die Panama-Verträge durch den Senat zu bringen, die die schrittweise Übereignung des Kanals an Panama bis 1999 vorsahen, und der entscheidend an dem israelisch-ägyptischen Abkommen von Camp David im September 1978 beteiligt war, remilitarisierte zugleich die US-Außenpolitik. Noch unter Carter stieg der Militärhaushalt dramatisch an. Nach einer neuen Direktive (PD 59) sollten die USA in Zukunft die Fähigkeit besitzen, einen langen Atomkrieg auf allen Ebenen der Eskalation zu führen und zu gewinnen. Die Wandlung Carters zum Falken konnte nicht verhindern, dass der Kandidat der Republikaner, Ronald Reagan, den angeblichen Verlust der amerikanischen Stärke und des amerikanischen Selbstvertrauens sowie das verbreitete Gefühl, nicht länger die unangefochtene Supermacht Nummer eins zu sein, erfolgreich zum Wahlkampfthema des Jahres 1980 machte. Wie alle Präsidentschaftskandidaten der USA nach 1945 versprach auch Reagan seiner Nation neue Größe und neue Hoffnung.

Reagan beendete die Entspannungspolitik und führte die USA in seiner ersten Amtszeit in einen eiskalten Krieg mit der Sowjetunion. Auch das Verhältnis zu China verschlechterte sich erheblich. Ein glühender Antikommunist, beseelt von der amerikanischen Mission, die Welt zu Freiheit und Demokratie zu führen, gewillt, sich als Präsident vom Kongress möglichst wenig Fesseln anlegen zu lassen, ein Wilsonianer des nuklearen Zeitalters, mit der Fähigkeit begnadet, fernsehgerecht die Herzen und Gefühle vieler Amerikaner zu erwärmen, ließ er keinen Zweifei daran, dass er die Sowjetunion, das von ihm so bezeichnete „Reich des Bösen", ideologisch und militärisch herausfordern und den sowjetisch-kommunistischen Einfluss in der Dritten Welt mit allen Mitteln bekämpfen werde. Dazu werde er sich notfalls auch der Hilfe rechter autoritärer Regime bedienen, die er moralisch scharf von totalitären Regimen unterschied. Er umgab sich zunächst nur mit gleichgesinnten Falken wie Alexander Haig, Caspar Weinberger, Paul Nitze, Richard Pipes, Richard Perle und Jeane Kirkpatrick. Sein zweiter Außenminister, George P. Shultz, versuchte, Mäßigung und Pragmatismus in seine Adern zu träufeln.

Antikommunismus und Aufrüstung waren die Grundpfeiler des Reaganschen Programmes. Bereits im Wahlkampf hatte er sich gegen den SALT-II-Vertrag ausgesprochen und eine Erhöhung der Militärausgaben gefordert, um die Sowjetunion militärisch zu überrunden. Damit untergrub Reagan die zentrale Voraussetzung der Entspannungspolitik, nämlich die ungefähre militärische Gleichheit der Supermächte. Der von Carter gestoppte Plan, einen neuen Bombertyp zu bauen, wurde wieder aufgenommen, die Flotte sollte durch 600 neue Schiffe modernisiert werden, eine schnelle Eingreiftruppe die Einsatzfähigkeit amerikanischer Soldaten in der Dritten Welt erhöhen.

Am meisten erstaunte und erschreckte Reagan die Welt aber mit der Ankündigung vom März 1983, von der wissenschaftlichen Elite und dem militärisch-industriellen Komplex der USA einen undurchlässigen Zaun im Weltraum *(SDI – Strategic Defense Initiative)* entwickeln zu lassen, der die USA vor einem nuklearen Überraschungsangriff der Sowjetunion schützen sollte. Ein solcher Zaun versprach, den USA die unangreifbare Sicherheit des 19. Jahrhunderts zurückzugeben. Zugleich drohte er, Europa von den USA abzukoppeln und mit der Logik der gegenseitigen Abschreckung auch die NATO zu zerstören. Die Propagandisten des Planes dagegen versicherten, mit dieser Initiative die wechselseitig gesicherte Vernichtungsfähigkeit (MAD – *Mutual Assured Destruction*) in eine wechselseitig gesicherte Überlebensfähigkeit (MAS – *Mutual Assured Survival*) überführen zu können. Die Botschaft der Entspannungsgegner war klar: Sicherheit sollte nicht durch Abrüstung, sondern durch mehr Rüstung und verfeinerte Technologie gefunden werden.

Reagan war überdies entschlossen, in der Dritten Welt mit fast jedem Regime zusammenzuarbeiten, das für sich in Anspruch nahm, gegen tatsächliche oder vermeintliche Kommunisten zu Felde zu ziehen. In Lateinamerika brach er mit der Politik Carters. Er drehte die Lateinamerikapolitik der USA in die Ost-West-Achse zurück. Die Verteidigung der Monroe-Doktrin und die Integrität der gesamten westlichen Hemisphäre gegenüber kommunistischem Einfluss wurden erneut zur Maxime amerikanischer Außenpolitik. Im April 1983 entwickelte Reagan vor beiden Häusern des Kongresses eine auf Lateinamerika bezogene Dominotheorie, deren Logik den Dominotheorien seiner Vorgänger ähnelte, die auf Europa und Asien bezogen waren: Wenn Lateinamerika kommunistischem Einfluss anheimfalle, was wären, so fragte Reagan, die Folgen für die US-Außenpolitik gegenüber Europa, Asien und für den Zusammenhalt der NATO? Sein mit militärischen, wirtschaftlichen und ideologischen Mitteln geführter Kampf in Lateinamerika verwickelte die USA unter anderem in die Verhältnisse in Nicaragua, Honduras, El Salvador, Guatemala, Costa Rica, Panama und Grenada.

Reagans Antikommunismus war auch die treibende Kraft hinter der Hilfe für die Rebellen in Afghanistan. Den Rückzug der Sowjets aus diesem Land – dem Rückzug der USA aus Vietnam durchaus vergleichbar – hat Reagan für einen Erfolg seiner Politik gehalten.

Im Mittleren Osten blieb Reagans Politik, wie die seiner Vorgänger, weiter eine zwischen wenig Erfolgen und vielen Enttäuschungen pendelnde Krisendiplomatie, der es nicht gelang, die Region zu befrieden. Allerdings konnte Reagan die wichtigsten amerikanischen Ziele im Mittleren Osten sichern: den Zugang zum Öl, die Existenz Israels und den Ausschluss der Sowjetunion aus dieser Region. Ansonsten blieb der Mittlere Osten ein Pulverfass. Der Krieg in und um den Libanon führte zur Landung von US-Marineinfanteristen, ein Terroranschlag auf ihre Kaserne, bei der fast 250 US-Soldaten den Tod fanden, im Wahljahr 1984 zu ihrem Abzug. Oberst Gaddafi, die stärkste politische Kraft in Libyen, gehörte während der gesamten Amtszeit Reagans zu den erklärten Feinden der USA, weil er Terroristen in Europa und im Mittleren Osten unterstützte und sich grundsätzlich dem Machtanspruch der USA in Afrika widersetzte. Ein Angriff amerikanischer Flugzeuge auf fünf Ziele in Libyen verfehlte in der Nacht vom 14. zum 15. April 1986 nur knapp sein Ziel, Gaddafi zu töten.

Im blutigen Krieg zwischen dem Iran und dem Irak unterstützten die USA den Irak. Die Spannungen mit dem Iran zeigten sich auch, als vom Iran unterstützte Terroristen Amerikaner als Geiseln nahmen. Der heimliche Versuch, diese Geiseln freizukaufen, mündete in die Iran-Contra-Affäre, die die öffentliche Unterstützung für Reagans Außenpolitik gefährdete und selbst das Weiße Haus in Bedrängnis brachte. In der Affäre ging es um Lügen, Meineide und Rechtsbrüche, politisch um den Erlös aus Waffenverkäufen an den Iran, der Rebellen in Nicaragua zugeflossen war. Ein gewisser Oberst Oliver North konnte sich vor dem amerikanischen Volk als nationaler und antikommunistischer Held darstellen.

Reagans Aufrüstung und der „Griff nach den Sternen" hatten schwerwiegende wirtschaftliche Folgen auf der Erde. Von 1980 bis 1984 stiegen die Militärausgaben der USA um 40 Prozent. Die Kosten der Aufrüstung, verbunden mit den vom Kongress 1981 beschlossenen Steuersenkungen, führten zu einem ständig steigenden Haushaltsdefizit und einer immensen Verschuldung der USA im Ausland. Von dieser wirtschaftlichen Überanstrengung hat sich die Außenpolitik der Supermacht

USA lange nicht erholt. 1985 wurden die USA zum ersten Male seit dem Ersten Weltkrieg wieder eine Schuldnernation. „Damit dürfte ein bisher einmaliger Fall in der Geschichte des Industriezeitalters vorliegen. Die größte Gläubigernation der Welt entwickelt sich ohne den Störfall kriegerischer Ereignisse, d. h. ohne den konkursartigen Verlust von Auslandsforderungen, innerhalb weniger Jahre zur größten Schuldnernation."[5] Während die USA 1980 noch eine positive Nettovermögensposition von 106,2 Mrd. Dollar aufwiesen, hatten sie 1988, am Ende der Amtszeit Reagans, eine negative Nettovermögensposition von 532,5 Mrd. Dollar.[6] Die Staatsschuld wuchs von 1980 bis 1985 von 914 Mrd. auf 1,823 Billionen an, 1991 näherte sie sich der Grenze von vier Billionen.[7] Seit der Amtszeit Reagans leben die Amerikaner auf Pump, besonders vom Kapitaltransfer aus Europa und Japan. Das galt selbst für die Amtszeit Bill Clintons, dem immerhin das Kunststück gelang, den Bundeshaushalt auszugleichen. Die Amerikaner vertrauen darauf, dass die Kapitalanleger in der Welt keine attraktive Alternative zum Dollar sehen.

Dieser „einmalige Fall" wurde allerdings im Bewusstsein der Welt von einem anderen „einmaligen Fall" überlagert, dem gründlichen und schnellen, ebenfalls ohne Krieg herbeigeführten Zusammenbruch des sowjetischen Imperiums. Denn die Aushöhlung der wirtschaftlichen Grundlagen amerikanischer Weltpolitik im 20. Jahrhundert, die mit dem Vietnamkrieg begann und sich in den Amtszeiten der Präsidenten Reagan und Bush dramatisch beschleunigte, fiel weltgeschichtlich mit dem Ende des Kalten Krieges zusammen, für den in erster Linie Michail Gorbatschow verantwortlich ist, der am 11. März 1985 das Amt des Generalsekretärs der KPdSU übernahm und der zweiten Amtszeit Reagans und der Amtszeit von George Bush dem Älteren ein unerwartetes, anderes Gepräge gab. Zwar gibt es Hinweise darauf, dass Reagan durch seine Hochrüstung Verhandlungen mit der Sowjetunion herbeiführen wollte, die er, ganz in der Tradition von NSC 68, aus einer neu gewonnenen Position der Stärke zu führen gedachte; zwar scheint der Druck der USA im Kreml die Einsicht verstärkt zu haben, dass das marode sowjetische System umgebaut werden müsse, wenn es im Wettbewerb der Systeme bestehen wolle; aber von dem radikalen Neuansatz Gorbatschows, der auf eine außenpolitische Entlastung drängte und die amerikanisch-sowjetischen Beziehungen aus der zweiten Eiszeit befreite, war Reagan ebenso überrascht wie der Rest der Welt.

Gorbatschow ist zugleich als großer Beweger und gescheiterter Reformer in die Geschichte eingegangen, der den Kommunismus und die Sowjetunion öffnen und umgestalten wollte, sich aber Ende 1991 in der Rolle des Zauberlehrlings wiederfand, der die Geister, die er rief, nicht lenken und unter Kontrolle halten konnte, weil er nicht begriff, dass ein kommunistisches, planwirtschaftlich-bürokratisches System grundlegende Reformen weder leisten noch überleben kann.

Als Gorbatschow 1985 seine Reformen begann, war das revolutionäre Ergebnis nicht vorhersehbar: die Auflösung der Sowjetunion und des sowjetischen Imperiums, der Zusammenbruch des Kommunismus, die Auflösung des Warschauer Paktes, die Wieder-, Neu- oder Umgründung von über zwanzig Staaten, der Zerfall des multinationalen Jugoslawien und der binationalen Tschechoslowakei, die Vereinigung Deutschlands zu westlichen Bedingungen und der Abzug der Roten Armee, das Ende des sowjetischen Einflusses in der Dritten Welt, die Revolution der Machtverhältnisse auf dem eurasischen Doppelkontinent.

Es gehört zu Reagans Verdiensten, dass er sich in seiner zweiten Amtszeit zu fünf Gipfeltreffen mit Gorbatschow bereit fand, den Entspannungsprozess schrittweise reaktivierte und die Rüstungskontrollgespräche über Mittelstreckenwaffen, Interkontinentalraketen und Weltraumwaffen wiederaufnahm. Trotz eines spektakulären Eklats auf ihrem zweiten Treffen in Reykjavik gelang beiden Politikern am 8. Dezember 1987 in Washington ein Durchbruch, als sie sich darauf einigten, alle Mittelstreckenraketen und Cruise-Missiles in Europa zu zerstören (doppelte Null-Lösung). Der im Mai 1988 begonnene

Rückzug der Sowjets aus Afghanistan und die Ankündigung Gorbatschows im Dezember 1988 in New York, dass sein Land in den nächsten zwei Jahren die Streitkräfte um 500000 Mann und 10000 Panzer verkleinern würde, verbesserten das Klima ebenso wie die ernsthaften Gespräche über die Verminderung strategischer Waffen (START – *Strategic Arms Reduction Talks*), die schließlich 1991, in der Amtszeit der Präsidenten George Bush und Gorbatschow, zum START-I-Abkommen, 1993, nach der Entmachtung Gorbatschows, mit Präsident Jelzin zum START-II-Abkommen führten. Nach diesem Vertrag, dem schließlich 1996 im U.S. Senat, 2000 in der Duma und im russischen Föderationsrat zugestimmt wurde, soll Russland seine nuklearen Sprengköpfe von 10909 auf 3000, die USA von 9862 auf 3000 reduzieren. Zwar behalten damit beide Mächte die Fähigkeit, die Welt mehrfach zu zerstören, aber die Wahrscheinlichkeit eines nuklearen Holocaust ist dramatisch gesunken. Das ist vermutlich die bedeutendste Folge des Endes des Kalten Krieges.

Der Zusammenbruch des sowjetischen Imperiums erfolgte im wesentlichen so, wie es George F. Kennan und die Väter der Eindämmungsstrategie seit 1947 immer gehofft hatten: ohne Krieg, aus innerer Schwäche und imperialer Überanstrengung. Insofern konnte die Außenpolitik der USA einen ihrer größten Triumphe feiern. In den tatsächlichen Prozess der Desintegration des sowjetischen Imperiums von 1989 bis 1991 hat die Regierung Bush allerdings nicht eingegriffen. Sie hat ihn mit Umsicht und Vorsicht begleitet, immer das doppelte Ziel vor Augen, den Reformer Gorbatschow, dann den Reformer Jelzin außenpolitisch abzusichern und eine militärische Konterrevolution wie in China, ein Eingreifen der Roten Armee zu verhindern, was zu schwer kalkulierbaren Risiken in Osteuropa und der DDR geführt hätte.

Der vorsichtige Bush, der einerseits den Entwicklungen gelegentlich hinterherhinkte, vermied andererseits klug alle Gesten des Triumphes. Er machte beim Fall der Mauer keinen spektakulären Besuch in Berlin – Reagan hätte sich diesen Foto- und Fernsehtermin wohl kaum entgehen lassen. Bush traf dagegen in der Tradition seines Vorgängers sechsmal auf Gipfeltreffen mit Gorbatschow zusammen, ohne aber die gewünschte massive Wirtschaftshilfe gewähren zu können. Die USA, die zwar den Golfkrieg gegen Saddam Hussein anführten, ihn aber weitgehend von Saudi-Arabien, Japan und Deutschland bezahlen ließen, hätten sich das Geld selbst leihen müssen. Statt dessen hörte Gorbatschow viele hoffnungsvolle Reden über das neue „Europäische Haus" und die „Neue Weltordnung", in der die gewandelte Sowjetunion einen ehrenvollen Platz erhalten solle. Auch das dramatische Ende der Sowjetunion – den gescheiterten Putsch vom August 1991, den Aufstieg Jelzins und das Ende der KPdSU, die Auflösung der Sowjetunion und den Rücktritt ihres letzten Präsidenten Gorbatschow – konnte die US-Außenpolitik nur zur Kenntnis nehmen, aber kaum beeinflussen.

Die wahrscheinlich konstruktivste Leistung der USA war die frühe Unterstützung und internationale Absicherung der Vereinigung Deutschlands. Die amerikanische Regierung reagierte dabei genauso, wie es nach der Geschichte der amerikanisch-deutschen Beziehungen im 19. und 20. Jahrhundert zu erwarten war. Ohne dass es den handelnden Akteuren vermutlich bewusst war, erwies sich die amerikanische Reaktion als ein schlagendes Beispiel historischer Kontinuität, sie war fast prognostizierbar.

Die Amerikaner begrüßten wie 1848 oder 1871 die Aussicht auf Einheit, Freiheit und Selbstbestimmung für die Deutschen. In den USA war der Jubel über den Fall der Mauer ehrlich und spontan. Von allen Siegermächten des Zweiten Weltkrieges unterstützten die USA die sich abzeichnende Wiedervereinigung am frühesten und entschlossensten, zu einem Zeitpunkt, als Mitterand und Margret Thatcher den Zug aufzuhalten versuchten und Gorbatschow noch nicht bereit war, die deutsche NATO-Mitgliedschaft zu akzeptieren. In den Gesprächen mit Bundeskanzler Helmut Kohl und Außenminister Genscher und auf den vielen internationalen Konferenzen des Jahres 1990 taten die USA das ihre, um den Vereinigungsprozess zu unterstützen.

Die andere, komplementäre und ebenfalls aus der Geschichte der deutsch-amerikanischen Beziehungen zu erwartende Seite der US-Deutschlandpolitik war eine Fortsetzung der alten Eindämmungspolitik unter neuen Bedingungen. Das wiedervereinigte Deutschland musste ein Teil der NATO und einer europäisch-atlantischen Gesamtarchitektur bleiben, eine Neutralisierung und Isolierung des Landes auf jeden Fall vermieden, den Europäern die neu entfachten Ängste vor Deutschland genommen und der amerikanische Einfluss in Europa gesichert werden.

Am Ende waren die Amerikaner zufrieden. Als Ergebnis des Zwei-plus-Vier-Vertrages entstand ein Deutschland, wie sie es sich im gewissen Sinne seit 1848 immer gewünscht hatten: Es hat mit den Grenzen seine Geographie gefunden. Zum ersten Mal in ihrer Geschichte genießen die Deutschen Einigkeit und Recht und Freiheit; die Wohlfahrt im Osten, so hofften nicht nur die Amerikaner im Jahre 1990, würde bald folgen. Deutschland kann seine Nachbarn militärisch nicht gefährden. Auf sich allein gestellt, ist es nach den Bestimmungen des Vertrages weder zum Angriff noch zur Verteidigung fähig. Es wird weiterhin keine Atomwaffen besitzen. Es bleibt, so die Hoffnung des Jahres 1990, über die NATO, die EU, zahlreiche andere Organisationen und die Weltwirtschaft in den Westen integriert. Zum ersten Mal im 20. Jahrhundert gab es für die Supermacht USA kein „deutsches Problem". Niemand konnte damals ahnen, dass im Jahr 2002 der deutsche Einfluss in Washington marginalisiert werden würde; besonders weil Präsident George W. Bush und seine Berater auf der einen Seite, Bundeskanzler Gerhard Schröder und Außenminister Joschka Fischer auf der anderen Seite fundamentale Differenzen in der Frage hatten, ob und unter welchen Bedingungen Krieg gegen den Irak geführt werden sollte.

Nach dem Zusammenbruch der Sowjetunion, der Lösung der deutschen Frage und dem militärisch gewonnenen Golf-Krieg – politisch überlebte Saddam Hussein – stand George Bush das erste Mal vor einer Frage, die die Amtzeiten seiner beiden Nachfolger, Bill Clintons und seines Sohnes George W. Bush, beherrschen sollte: Wie sollten die USA als einzig verbliebene Supermacht ihre Rolle in der „Neuen Weltordnung" nach dem Ende des Kalten Krieges definieren? Zwar machte George Bush in der zweiten Hälfte seiner Amtszeit vereinzelte Versuche, die Konturen einer neuen Weltordnung zu bestimmen, doch sollten diese vage bleiben. Auch hatte der Präsident keine Zeit, eine neue Politik umzusetzen, bevor er die Wahl aus innenpolitischen Gründen gegen Bill Clinton verlor. Dennoch wurden schon in den Reden von Bush und seinem Außenminister Baker zwei Grundprobleme deutlich: die Spannungen zwischen der vermuteten zukünftigen Dominanz der USA und der Rolle der Vereinten Nationen, außerdem zwischen der multilateralen und unilateralen Methode bei der Verfolgung amerikanischer Interessen. Aus dem Schlagwort von der „Neuen Weltordnung" wurden außerdem noch keine konkreten Schlüsse für die Interessendurchsetzung der USA in Europa, in Eurasien und im Nahen Osten gezogen. Die „Neue Weltordnung" war am Ende der Amtszeit von Präsident George Bush ein Problem, das er seinen Nachfolgern überließ.

VII. Kapitel

Supermacht ohne Feind

Die manichäische Falle ist leer.
US-Außenpolitik von 1991 bis zum 11. September 2001

Mit der Revolutionierung der Weltordnung durch das Ende des
Kalten Krieges und den Zusammenbruch der Sowjetunion verlor die US-Weltpolitik ihren Richtungssinn; in erster Linie deshalb, weil es keinen überragenden Feind mehr gab, sondern
nur noch viele kleine „Schurkenstaaten".

Ohne einen solchen
Feind, der die Ängste der amerikanischen Bevölkerung über
eine mögliche Bedrohung der westlichen Hemisphäre und der
kontinentalen USA hätte hervorrufen können, fehlte der amerikanischen Nation ein Objekt der Mission. Auf dem Kompass
des amerikanischen Globalismus fehlte der Nordpol.

Ohne die Furcht vor einem großen Feind konnten und wollten die amerikanische Nation und Präsident Clinton das zivilreligiöse Feuer der Freiheit nicht für einen neuen Krieg ent-
zünden. Es gab kein „Reich des Bösen", die manichäische Falle
des amerikanischen Sendungsbewusstseins war leer, die amerikanische Außenpolitik amputiert, weil die USA ihre globalen
Interessen ohne die existentielle Bedrohung des eigenen Landes bestimmen und verteidigen mussten. Die sich aus dieser
Lage für die Regierung Clinton ergebenden Probleme waren
nach den Erfahrungen mit der amerikanischen Außenpolitik
im 20. Jahrhundert voraussehbar, denn im Ersten Weltkrieg
und von 1939 bis 1989, d. h. für sechzig Jahre, ruhte die US-
Weltpolitik auf der Trias von globalen Interessen, Furcht und
Missionsidee.

Im Ersten Weltkrieg, im Zweiten Weltkrieg und im Kalten
Weltkrieg waren die globalen Interessen der USA dialektisch
mit globalen Bedrohungsszenarien für die Sicherheit der westlichen Hemisphäre verbunden: im Falle des Ersten Weltkrieges

mit der subjektiven Gewissheit, dass das Deutsche Kaiserreich nach einem möglichen Sieg in Europa die Freiheit der Meere und die Sicherheit der USA bedrohen würde; im Falle des Zweiten Weltkrieges mit der subjektiven Gewissheit, dass Hitler die ganze Welt erobern wolle; im Falle des Kalten Weltkrieges mit der subjektiven Gewissheit, dass der Kommunismus zunächst in Europa und Asien, nach der Globalisierung der sowjetischen Außenpolitik in der Ära von Chruschtschow auch im Mittleren Osten, in Afrika und in Lateinamerika (Kuba-Krise) die vitalen Interessen der USA bedrohten. Die Befreiung Europas vom nationalsozialistischen und kommunistischen Totalitarismus war nur möglich, weil sich die Amerikaner auch zu Hause von diesen Ideologien und Mächten langfristig bedroht fühlten, zumindest die US-Regierungen versucht hatten, die amerikanische Bevölkerung von der Existenz dieser Bedrohungen zu überzeugen. Das war angesichts der Tatsache, dass die USA keine gefährlichen Nachbarn haben und von zwei Ozeanen umgeben sind, keine einfache Aufgabe. In der Regel wurden die Gefahren für die westliche Hemisphäre übertrieben, der Feind gleichsam durch Vergrößerung an die westliche Hemisphäre herangezogen *(zooming in the enemy)*.

Angesichts dieser um die Elemente von existentieller Bedrohung und Missionsidee halbierten Grundlage amerikanischer Weltpolitik nach 1991 hätten nicht nur Clinton, seine Berater und die in Washington konzentrierten außenpolitischen Deutungseliten des Landes große Mühe gehabt, die neue Rolle der USA zu definieren, sondern jede andere amerikanische Regierung auch. Es gab, um die berühmte Notwehr-Formel im amerikanischen Recht zu zitieren, keine „klare und unmittelbare Gefahr" für die nationale Sicherheit der USA. Die USA besaßen angesichts des fehlenden Feindes zwar viele Möglichkeiten, ihre Rolle als einzig verbliebene Supermacht auszufüllen, aber keinen zwingenden Grund, eine bestimmte Strategie zu wählen.

Es lag an dem Verlust eines überragenden Feindbildes, dass das amerikanische Volk während der Präsidentschaft Clinton äußerst unwillig war, für irgendein Ziel amerikanischer Außenpolitik Krieg zu führen. Es tolerierte kleinere, von den USA im Alleingang oder im Namen von UNO oder NATO durchgeführte Militäraktionen – etwa in Somalia, Haiti, in Jugoslawien oder im Irak – nur, wenn möglichst kein amerikanischer Soldat getötet wurde und die Kosten begrenzt blieben. Diese Grundstimmung konfrontierte Präsident Clinton während seiner ganzen Amtszeit mit einem Dilemma: Während die durch das Fernsehen (CNN) frei Haus gelieferten Bilder von Kriegen, Hungersnöten und Unterdrückung aus verschiedenen Teilen der Welt ein Meinungsklima erzeugten, wonach die Regierung „irgendetwas" tun müsse, fehlte auf der anderen Seite jede Bereitschaft der Amerikaner, die Opfer einer kriegerischen Intervention auf sich zu nehmen.

Die zweite, ebenso wichtige Ursache für das Fehlen einer zusammenhängenden Weltpolitik nach dem Ende des Kalten Krieges lag im Vorrang der Innenpolitik. Präsident Clinton war angetreten, in erster Linie die amerikanische Gesellschaft und erst in zweiter Linie die Welt zu verbessern. Während seiner Amtszeit konzentrierten sich die Erwartungen und Energien seiner demokratischen Regierung, der republikanischen Opposition und des amerikanischen Volkes auf die Innenpolitik. In den Präsidentschaftswahlkämpfen von 1992 und 1996 spielte die Außenpolitik keine Rolle. In den jährlichen Rechenschaftsberichten zur Lage der Nation nutzte der Präsident bis 2000 in der Regel nur ein Neuntel seiner Redezeit für die Außenpolitik.

Der charismatische, telegene, beredte und hochintelligente Präsident, ausgestattet mit einem enormen Gedächtnis, einer außerordentlichen Fähigkeit zur Verarbeitung von Problemen auf allen Feldern der Politik, einem elementaren Machterhaltungsinstinkt und der Fähigkeit, politisch zu überleben, ja Niederlagen in Siege zu verwandeln, gehörte zur postheroischen Generation der „baby boomer", die die „Friedensdividende" nach dem Ende des Kalten Krieges für die Reform der amerikanischen Gesellschaft nutzen wollte. Er liebte das Leben, das Bad in der Menge und das weibliche Geschlecht. Zu Militär,

Tod und Krieg hatte er kein Verhältnis. Clinton war, wenn die politischen Umstände ihn nicht zu Anpassungen an die Vorstellungen der Republikaner zwangen, ein Reformer in der Tradition von Franklin D. Roosevelt und Lyndon B. Johnson. Er war angetreten, Jobs für Amerikaner zu schaffen, die Wirtschaft anzukurbeln, den Haushalt zu sanieren, die Steuern für die Reichen ein wenig zu erhöhen und für die Masse der Bevölkerung zu senken. Zu seinen Zielen gehörte es, den Regierungsapparat zu verschlanken, das gesamte System sozialer Sicherungen (Kranken- und Arbeitslosenversicherung, Sozialhilfe und Sozialfürsorge) besonders für jene Amerikaner zu verbessern, die auf der Basis der sozialen Pyramide hausen; Kriminalität und Gewalt in der amerikanischen Gesellschaft zu vermindern und den freien Gebrauch von Schusswaffen einzuschränken. Er wollte Kinder vor der Darstellung exzessiver Gewalt im Fernsehen schützen und die Familie stärken; die Qualität der Schulen und die Ausbildung der Kinder verbessern; schließlich, auch unter dem Einfluss von Vizepräsident Al Gore, Maßnahmen zur Verbesserung des Schutzes der Umwelt ergreifen. Überdies war Clinton „farbenblind", frei von rassistischen Vorurteilen und von den Vorzügen einer multikulturellen Gesellschaft überzeugt.

Es mag auch an diesem Primat der Innenpolitik gelegen haben, dass schon in Washington D. C. lebende Zeitgenossen (wie der Autor dieses Buches) den Eindruck gewannen, dass die Regierung Clinton außenpolitische Probleme nur fallweise, widersprüchlich und ohne Konstanz behandelte. Schließlich gipfelten Clintons private Affären, die seine Präsidentschaft vom Beginn an begleiteten und bei seinen fundamentalistischen Kritikern, besonders den Republikanern, offenen Hass und Rachsucht hervorriefen, im Skandal um eine sexuelle Affäre mit einer Praktikantin im Weißen Haus, mit Monica Lewinsky. Diese Affäre beherrschte seine Präsidentschaft über ein Jahr, vom Januar 1998 bis zum Februar 1999, als das Verfahren zur Amtsenthebung mit einem Freispruch endete. Die beiden Anklagepunkte, Meineid und die Behinderung der Justiz, fanden im

Senat nicht die erforderliche Zweidrittelmehrheit. Dieser Skandal förderte nicht gerade die Konzentration Clintons auf außenpolitische Probleme, er machte den amerikanischen Präsidenten – und seine Kritiker – weltweit zum Gegenstand von Spott und Satire. Es gibt sogar die begründete Vermutung, dass der Angriff von amerikanischen Marschflugkörpern auf eine Pharmafabrik im Sudan und ein Guerillalager in Afghanistan am 20. August 1998 weniger mit Vergeltung gegen Bin Laden und die Bombenanschläge in Kenia und Tansania als mit der Ablenkung der US-Öffentlichkeit vom Lewinsky-Skandal zu tun hatte.[1]

Trotz der Abwesenheit eines überragenden Feindbildes, der Konzentration auf die Innenpolitik und trotz Clintons Skandalen blieben die USA natürlich objektiv die einzig verbliebene Supermacht und damit potentiell in alle Händel und Probleme der Welt verwickelt. Fast die gesamte außenpolitische Entscheidungselite der USA, sei es in der Regierung, in den Ministerien, im Kongress, auch in den Medien oder in den Denkfabriken des Landes, hielt an der globalen Reichweite der US-Außenpolitik und ihrer hegemonialen Rolle in der Welt fest. Ein militärisch-strategischer Rückzug auf die westliche Hemisphäre und die Weltmeere, eine grundsätzliche Abkehr von Eurasien und eine isolationistische Rückkehr zu den Grundpositionen der Zwischenweltkriegszeit wurden von fast niemandem gefordert. Bei aller Ungewissheit, Ratlosigkeit und auch Widersprüchlichkeit der US-Außenpolitik in allen Regionen der Welt, gab es doch ein verbindendes Element, die Erkenntnis nämlich, dass es für die USA aufgrund der Interdependenz und Vernetzung der globalen Kommunikations- und Weltmarktgesellschaft unmöglich sei, sich von der Weltpolitik zu verabschieden. Von Beginn an machte Präsident Clinton deutlich, dass die USA in der Welt „engagiert" blieben und eine Führungsrolle, nicht aber die Rolle eines Weltpolizisten, übernähmen.

Die strategische Auseinandersetzung drehte sich in erster Linie um den Inhalt dieser Führungsrolle, besonders um die obersten Ziele zukünftiger Weltpolitik. Für die „Realisten" blieb es, wie seit 1941, das überragende Ziel zu verhindern, dass Eurasien von einer großen amerikafeindlichen Macht beherrscht würde, die die Sicherheit der kontinentalen USA gefährden könnte. Diese Realisten wollten sogar die Herausbildung regionaler Machtblöcke in Asien oder Europa verhindern, die sich dem hegemonialen Anspruch der USA entziehen könnten: etwa eine zu starke Europäische Union oder eine NATO mit einem zweiten, europäischen Pfeiler. Die Existenz Israels und der garantierte Zugang zum Öl im Nahen Osten blieben selbstverständliche Ziele der US-Weltpolitik.

Eine andere Denkschule knüpfte im Kern an die Ideen der Präsidenten Woodrow Wilson und Franklin D. Roosevelt an. Diese sogenannten „Wilsonianer" hielten es weiter für die vornehmste Aufgabe amerikanischer Weltpolitik, an der Sendungsidee der Freiheit festzuhalten, d.h. die Ausbreitung von Demokratien und freien Marktwirtschaften zu befördern und in diesem Sinne die Welt zu „amerikanisieren".

Eine weitere Denkschule erklärte diese „traditionellen" Ansätze für überholt: In der Gegenwart gehe es nicht in erster Linie um das Verhältnis von Staaten zueinander, sondern um die überstaatlichen Probleme einer globalisierten Weltgesellschaft. Die zukünftigen Herausforderungen seien nicht die Politik anderer Staaten, sondern Chaos und Anarchie, hervorgerufen durch die alt-neuen Plagen der Menschheit wie Hungerunruhen, Umweltkatastrophen, die Bevölkerungsexplosion, ethnische Konflikte, Drogenhandel, Terrorismus und die Weiterverbreitung von Massenvernichtungswaffen.

Wie nach dem Ersten Weltkrieg und dem Zweiten Weltkrieg traten die Amerikaner auch nach dem Ende des Kalten Weltkrieges in einen Prozess der Selbstvergewisserung über den Platz ihres Landes in der Welt ein. In diesem Prozess war die Auseinandersetzung um die obersten Ziele eng mit den Kontroversen um die Mittel der US-Außenpolitik verbunden. Im Hinblick auf die Mittel bestimmten zwei Streitpunkte die gesamte Amtszeit Clintons. Erstens: Wann, unter welchen Bedingungen und mit welcher Rechtfertigung sollten, durften und konnten die USA militärische Gewalt zur Erreichung außenpolitischer Ziele einsetzen? Es war Clinton, seinen Ministern, Beratern, Medien-Spezialisten und „Spindoctors" klar, dass angesichts des Fehlens eines überragenden Feindes und des Primats der Innenpolitik der tatsächliche Einsatz militärischer Gewalt fast unmöglich war.

Zweitens: Bis zu welchem Grade sollte die einzig verbliebene Supermacht bei der Verfolgung ihrer nationalen Interessen nur auf die eigene Stärke vertrauen, allein und unilateral handeln; oder bis zu welchem Grade und unter welchen Bedingungen sollten die USA sich dabei auch auf Verbündete, internationale Organisationen, das Völkerrecht und multilaterale Verfahren verlassen? Dass die USA ihr Schicksal gleichsam einer neuen „Weltinnenpolitik", dem System einer kollektiven Sicherheit im Rahmen der Vereinigten Nationen, anvertrauen könnten – davon hat Clinton wie alle seine Vorgänger und sein Nachfolger George W. Bush nicht einmal geträumt. Diese Alternative zur tatsächlichen Außenpolitik der USA nach dem Ende des Kalten Krieges fand und findet sich lediglich in den Köpfen von Philosophen, Politikwissenschaftlern, Völkerrechtlern und Theologen, die in der noblen Tradition des deutschen Philosophen Immanuel Kant über die Bedingungen der Möglichkeit eines ewigen Friedens nachdenken.

Es ist Clinton oft vorgeworfen worden, dass er die Ziele und Methoden amerikanischer Weltpolitik nach dem Ende des Kalten Krieges nie in einer zusammenhängenden Gesamtschau, einer Art „Clinton-Doktrin", formuliert habe. Das ist nicht ganz richtig. Im Juli 1994 legte Clinton seine erste außenpolitische Weltdeutung vor, die wesentlich von seinem nationalen Sicherheitsberater Anthony Lake verfasst worden war: „A National Security Strategy of Engagement and Enlargement"[2]. Sie war in ihrer Systematik und ihrem globalen Zuschnitt durchaus mit früheren oder späteren Analysen zur nationalen Sicherheit vergleichbar. Diese Analyse war so eindeutig, wie sie angesichts der offenen und unübersichtlichen Weltlage sein konnte. Der Eindruck von Mehrdeutigkeit, Unentschiedenheit und Widersprüchlichkeit, der auf der gesamten Außenpolitik der Clinton-Jahre lastet, ergibt sich nicht aus der Lektüre von strategischen Texten seiner Amtszeit, sondern aus dem Missverhältnis von Theorie und Praxis, konkret aus der fast unbegrenzten Fähigkeit Clintons, sich in Entscheidungssituationen innen- und außenpolitischen Zwängen, die er nicht ändern konnte, anzupassen. Er wechselte seine Positionen, Minister und Mitarbeiter ohne Bedenken, wenn es seiner Machtgewinnung und seinem Machterhalt diente.

Es gab eigentlich nur eine große Ausnahme von dieser Unentschiedenheit, und das war sein durchgängiger und überaus erfolgreicher Versuch, die amerikanische Wirtschaft zu stärken, den Haushalt auszugleichen und durch eine aktive Außenwirtschaftspolitik nicht nur die Wettbewerbsfähigkeit seines Landes in der neuen Weltordnung zu stärken, sondern auch eine solide Grundlage für zukünftige außenpolitische Machtentfaltung der USA zu legen. Im Bestreben, Jobs für Amerikaner zu schaffen, begriff Clinton sich als erster Handelsvertreter der Nation. Clinton präsidierte in einem Jahrzehnt beispiellosen wirtschaftlichen Wachstums, rasant steigender Aktienkurse und einer zusehends global vernetzten Welt in allen Bereichen der Moderne. Der demokratische Präsident schien sich an das Motto republikanischer Regierungen nach dem Ersten Weltkrieg zu erinnern: „Das Geschäft von Amerika sind die Geschäfte" („The Business of America is Business"). Oder an Franklin D. Roosevelt und Harry S. Truman, die entschlossen waren, Großbritannien nach dem Zweiten Weltkrieg als Garant einer liberalen Weltwirtschaftsordnung und eines unteilbaren Weltmarktes abzulösen und damit die Grundlage für den Wohlstand der Nationen in der westlichen Welt zu legen. Man darf vermuten, dass für die USA nach 1945 die wirtschaftliche Neuordnung der Welt das überragende Leitmotiv geblieben wäre, wenn die Nation nicht über ein halbes Jahrhundert hinweg ein neues Reich des Bösen, den Kommunismus, hätte bekämpfen müssen.

Clintons Amtszeit stand im Zeichen des wirtschaftlichen Globalismus und des unteilbaren Weltmarktes, auch deshalb, weil er nur in diesem Bereich Innen- und Außenpolitik nahtlos miteinander verzahnen konnte. Sein erfolgreicher Slogan aus dem Wahlkampf von 1992 „Ihr Dummköpfe, die Wirtschaft ist entscheidend", galt sowohl für die US-Innen- als auch für die US-Außenpolitik. Gerade auf diesem Gebiet erwies sich seine Grundüberzeugung „Außenpolitik ist Innenpolitik"[3] als besonders fruchtbar. Für Clinton war die Globalisierung eine unvermeidliche Tatsache, die genutzt werden musste, um Amerikas „weiche Macht" – Wirtschaft und Kultur – in der Welt zu vergrößern. Außerdem hielt er den Freihandel für diejenige Theorie, die das größte Glück der größten Zahl befördere. Darin wurde er von seinem Vizepräsidenten Al Gore bestätigt, dessen großes Vorbild der Hohepriester des Freihandels in den 30er Jahren war, Roosevelts Außenminister Cordel Hull.

Freiheit und Eigentum *(liberty and property)* sind die beiden Säulen des amerikanischen, ja des angelsächsischen Begriffs von Freiheit, der Sache nach seit der Magna Charta aus dem Jahre 1216: ohne Freiheit kein Eigentum, ohne Eigentum keine Freiheit. Es ist deshalb kein Zufall, dass Clinton mit seinem zweiten strategischen „E-Wort" – „Erweiterung" *(enlargement)* von Markt und Freiheit – genau diese beiden Säulen des amerikanischen Freiheitsbegriffs zur programmatischen Grundlage seiner Weltpolitik machte. Aufbauend auf einer wiedererstarkten US-Wirtschaft, müsse sein Land sich systematisch darum bemühen, die Zonen freiheitlicher und marktwirtschaftlicher Volkswirtschaften in der Welt zu erweitern. Wie selbstverständlich waren auch Clinton und seine Berater der Ansicht, dass das, was gut für General Motors, auch gut für die USA, und was gut für die USA, auch gut für die Welt sei.

Der Erfolg dieser Politik war atemberaubend, die US-Wirtschaft boomte wie nie zuvor in der gesamten Geschichte der USA, und das war auch das Ergebnis der Clintonschen Wirtschaftspolitik. Um nur einige Daten[4] dieser Erfolgsgeschichte zu nennen: Als Clinton aus dem Amt schied, war die US-Wirtschaft für 119 Monate ohne Unterbrechung gewachsen. Das Bruttoinlandsprodukt war zwischen 1992 und 1999 um jährlich ungefähr 3,5 % angestiegen (inflationsbereinigt). Im selben Zeitraum wurden 20 Millionen neue Arbeitsplätze geschaffen, über 18 Millionen davon im Dienstleistungssektor. Die Arbeitslosenquote sank 1999 auf 4,2 %, auf den tiefsten Stand seit dreißig Jahren. Die Inflation konnte im Zaum gehalten werden, die reale Kaufkraft der Konsumenten wuchs.

Ohne von einem einzigen Republikaner im Kongress unterstützt zu werden, legten Clinton und die Demokraten durch ein im Jahre 1993 verabschiedetes Haushaltsgesetz den Grundstein für ein Wunder in demokratisch regierten, von Lobbyisten und Besitzstandswahrern geprägten Staaten: für einen Ausgleich des bundesstaatlichen Haushaltsdefizits. Am Ende der Regierung Clinton war der Sündenfall der Regierung Reagan vergessen. Während die Reagansche Kombination von massiven Steuersenkungen für Unternehmer und die reichen Amerikaner und drastischer Erhöhung der Verteidigungs- und Kriegsausgaben den USA eine schwere Haushaltskrise beschert hatte, gelang Clinton durch eine Mischung von Haushaltsdisziplin und Wirtschaftswachstum nach vierzig Jahren ununterbrochenen Defizits sogar, einen Überschuss zu erwirtschaften. Clintons jährliche Berichte zur Lage der Nation klangen von Jahr zu Jahr stolzer, am 26. Januar 1998 konnte er der Nation verkünden: „Als ich mein Amt antrat, war für das Jahr 1998 ein Haushaltsdefizit von 357 Milliarden Dollar vorausgesehen worden, mit steigender Tendenz ... Für drei Jahrzehnte sind sechs Präsidenten vor Sie getreten, um vor den Schäden zu warnen, die die Defizite unserer Nation zufügen. Heute trete ich vor Sie hin, um anzukündigen, dass das Defizit des Bundeshaushalts, einst mit elf Nullen unvorstellbar groß, schlicht Null sein wird. Im Jahre 1999 werde ich dem Kongress zum ersten Mal seit dreißig Jahren einen ausgeglichenen Haushalt vorlegen."[5]

Außenhandelspolitisch betrachtete Clinton die USA wie ein großes Unternehmen, das auf den Weltmärkten seine relative Position im Verhältnis zu seinen Mitbewerbern, etwa in Europa oder Japan, verbessern will. Wie Unternehmen, die den freien Zugang zu Märkten und eine Liberalisierung des Handels fordern, wenn es ihnen nützlich erscheint, aber aus einer Position der Stärke heraus geneigt sind, einen aggressiven Verdrängungswettbewerb zu betreiben, wenn sie nicht durch erzwingbare Regeln daran gehindert werden, so schwankte auch die Außenhandelspolitik Clintons zwischen Versuchen zur globalen oder regionalen Förderung des Freihandels einerseits, aggressiver, teilweise sogar protektionistischer Absicherung von US-Märkten andererseits.

Die Aufmerksamkeit der Regierung war auf die vermuteten Wachstumsmärkte der Zukunft, wie China, (Hongkong und Taiwan eingeschlossen), Indonesien, Brasilien, Mexiko, die Türkei, Süd-Korea, Südafrika, Polen und Argentinien und die Wachstumssektoren der Zukunft gerichtet. Ein Glanzstück der frühen Amtszeit Clintons war die Durchsetzung der „Nordamerikanischen Freihandelszone" im Kongress. Sie war von der Hoffnung getragen, damit einen Wirtschaftsraum von Alaska bis Feuerland zu gründen, den Handel in der westlichen Hemisphäre zu liberalisieren und gleichzeitig ein Gegengewicht zur Europäischen Union zu bilden. Diese hatte sich entgegen amerikanischer Erwartungen im Vertrag von Maastricht eine einheitliche Währung, den Euro, gegeben und damit potentiell eine zweite Weltreservewährung geschaffen.

1994 kündigte die Regierung Clinton eine verbesserte wirtschaftliche Zusammenarbeit mit Asien an. Die daran geknüpften Hoffnungen, die US-Exporte besonders nach Japan, Korea, Singapur und Taiwan zu steigern, verflogen allerdings, als im Jahre 1997 im ostasiatischen Raum eine schwere Finanzkrise um sich griff.

Zwischen der Europäischen Union und den USA wuchs in den 90er Jahren die übellaunige Gereiztheit in Wirtschaftsfragen, obwohl – oder vielleicht weil – diese beiden Regionen füreinander und im Rahmen der Weltwirtschaft die größten Handels- und Investitionspartner sind. Obwohl im Jahre 1998 eine Transatlantische Ökonomische Partnerschaft ausgerufen wurde und die Gegenstände der Handelsstreitigkeiten nur einen minimalen Anteil ihres Außenhandels ausmachten, konnte der gegenseitige Protektionismusvorwurf (Bananen, Hormonfleisch, genmanipulierte Nahrungsmittel, europäische Agrarpolitik, US-Exportförderung etc.) nicht durch Schiedssprüche der Welthandelsorganisation (WTO) aus der Welt geschafft werden. Im Hintergrund dieser Handelskonflikte stand und steht die alte Unentschiedenheit Washingtons in der Frage, ob man ein wirtschaftlich starkes Europa wünschen oder als Konkurrenten fürchten soll. Außerdem registrierten die Europäer mit Besorgnis, dass die Regierung Clinton sich nicht scheute, bei Bedarf massiven politischen Druck auszuüben, um Aufträge für die amerikanische Rüstungsindustrie einzuwerben, z. B. in China oder Saudi-Arabien.

Auch für das Verhältnis der USA zum postkommunistischen Russland und dem noch-kommunistischen China galt das zweite „E-Wort", die Erweiterung von Markt und Freiheit, zumindest rhetorisch, als oberste Maxime. In der Praxis konnten die USA nicht beides zugleich fördern und durchsetzen, weil die historischen Voraussetzungen und Traditionen des angelsächsischen Freiheitsbegriffes in Russland und in China fehlen. Die Regierung Clinton konnte deshalb für ihr oberstes Ziel, die USA aktiv an der Einführung von Marktwirtschaft und Demokratie in Russland zu beteiligen und den Russen diesen Prozess nicht allein zu überlassen, praktisch nur sehr wenig tun. Die Heerscharen von amerikanischen Wirtschaftsberatern, die in Moskau einfielen, konnten an den strukturellen Problemen der postsowjetischen Wirtschaft kaum etwas ändern, an der fehlenden Rechtssicherheit, am nicht gesicherten Eigentum, am organisierten Verbrechen, an mafiosen Strukturen, an Korruption, Kleptokratie, dubiosen Praktiken der Zentralbank, last but not least am Verschieben von Hilfsgeldern auf private Konten im Ausland. Zudem blieben sowohl die zweiseitige US-Wirtschaftshilfe als auch die von den USA in internationalen Organisationen geförderte, multilaterale Wirtschaftshilfe begrenzt.

Markt und Freiheit klafften, wie schon erwähnt, auseinander. Die amerikanische Kritik an den massiven Menschenrechtsverletzungen Russlands in Tschetschenien durfte die neue „strategische Partnerschaft" mit Russland nicht gefährden und Russland unter Präsident Boris Jelzin nicht in eine chauvinistisch-antiwestliche Position treiben.

Weil der amerikanische Versuch, im neuen Russland Marktwirtschaft und Demokratie zu stabilisieren, weitgehend fehlschlug, konnte ein Kongress-Abgeordneter 1999 behaupten, dass Clintons Russlandpolitik der größte Fehlschlag der amerikanischen Außenpolitik seit dem Vietnamkrieg sei.[6] Noch schwieriger war die Verknüpfung von Handels- und Menschenrechtspolitik gegenüber der einzig verbliebenen kommunistischen Weltmacht, nämlich China. Der Grundkonflikt zwischen dem angelsächsischen Freiheitsbegriff und der chinesischen Wirklichkeit trat noch augenfälliger zutage. Während der Präsidentschaft Clintons verbesserten sich die Wirtschaftsbeziehungen zwischen den beiden Staaten erheblich. Die USA gewährten chinesischen Waren auf dem amerikanischen Markt die unbedingte Meistbegünstigung, d. h. die rechtliche Gleichstellung mit Chinas Konkurrenten. China wurde in die Weltbank aufgenommen. Das Land seinerseits kaufte für Milliarden Dollar amerikanische Flugzeuge, versprach, den Handelskrieg zu reduzieren, Eigentums- und Patentrechte von Amerikanern zu schützen, überhaupt allgemein den chinesischen Markt für Ausländer zugänglicher zu machen.

Auf der anderen Seite musste Clinton sehr bald erkennen, dass es sinnlos war, Fortschritte in der Handelspolitik und in anderen Politikfeldern an Fortschritte in Menschenrechtsfragen zu binden. China blieb ein Polizeistaat mit Terror- und Konzentrationslagern, verfolgte eine aggressive Ein-China-Politik, rüstete auf, exportierte Waffen, verfolgte im Sicherheitsrat der UNO eigene Interessen, kritisierte die angloamerikanischen Angriffe auf den Irak im Dezember 1998 und verkündete bei einem Besuch Jelzins in Peking ein Jahr später sogar, dass China und Russland eine „strategische Partnerschaft" bilden würden, die nicht ausdrücklich, aber tatsächlich gegen den hegemonialen Anspruch der einzig verbliebenen Supermacht gerichtet war.

Bei allen praktischen Schwierigkeiten in der Umsetzung des großen strategischen Zieles der Regierung Clinton, die Zone freiheitlicher Marktwirtschaften zu erweitern, hatte dieses Ziel doch eine innere Logik. Es stand außerdem in der vielleicht ältesten Tradition amerikanischer Außenpolitik seit der Gründung der Union. In der Wahl der Mittel zur Erreichung dieses Zieles setzte die Regierung auf Überredung, Tausch und Kompromiss, nicht auf Gewalt. Deshalb wäre es auch kontraproduktiv gewesen, für das amerikanische Volk ein neues Feindbild zu schaffen.

Für den Historiker viel schwieriger ist es, den gemeinten Sinn des ersten strategischen „E-Wortes" der Regierung Clinton zu rekonstruieren, nämlich den Sinn von „engagement", des aktiven Eingreifens Amerikas in die Welt jenseits des wirtschaftlichen Bereiches. In seiner allgemeinsten und unschuldigsten Bedeutung signalisierte dieses „E-Wort", dass sich die USA nach dem Ende des Kalten Krieges nicht auf eine isolationistische Position in der westlichen Hemisphäre zurückziehen würden. In der selbstbewussten Variante bedeutete Clinton der Welt, dass die USA die globale Führungsrolle übernehmen würden, ohne allerdings den Weltpolizisten spielen zu wollen („In this time of global change, it is clear we cannot police the world, but it is equally clear we must exercise global leadership")[7].

Der in den 90er Jahren besonders problematische Grenzfall aktiven Eingreifens war die kriegerische Intervention, war die Frage, unter welchen Bedingungen die militärisch-strategischen Interessen der USA den Einsatz militärischer Gewalt verlangten. Diese Frage führte auch in das Zentrum des strategischen Dilemmas der in vieler Hinsicht ratlosen Supermacht nach dem Ende des Kalten Krieges. Auf der einen Seite hatte sich der große Feind, die kommunistische Sowjetunion, durch Implosion selbst aufgelöst. Auf der anderen Seite unterstützte das Selbstinteresse der Institutionen, die die Weltpolitik der USA seit dem Korea-Krieg getragen hatten, und das Interesse der in ihnen arbeitenden Menschen die Tendenz zur Fortführung einer auch in militärischer Hinsicht potentiell globalen

Außenpolitik. Besonders der militärisch-industrielle Komplex entwarf weiter globale und regionale Bedrohungsszenarien. Wenn es auch unter Clinton nicht unerhebliche Kürzungen im Kriegs- und Verteidigungshaushalt der USA gab, so wuchs das militärische Potential des Landes im Vergleich zum Rest der Welt auch in der Ära Clinton. Die technische Modernisierung der US-Streitkräfte wurde zwar verlangsamt, aber allein die USA waren auch nach dem Zusammenbruch der Sowjetunion weiterhin fähig, in kurzer Zeit an jedem Ort der Welt militärisch anwesend zu sein, ja mindestens zwei große regionale Kriege zu gleicher Zeit erfolgreich führen zu können. Der Kosovo-Krieg demonstrierte die technische Überlegenheit der USA. Theoretisch wollten die US-Strategen auch unter Clinton nichts anderes, als für alle möglichen Bedrohungen gegen alle möglichen Feinde in allen möglichen Regionen der Welt gewappnet zu sein, theoretisch blieb auch die Sicherheit, wie der Markt, unteilbar. Praktisch waren die Amerikaner aus den schon genannten Gründen nicht bereit, einen Soldaten zu opfern.

Die ganz überwiegende Mehrheit der Amerikaner fühlte sich nach dem Ende des Kalten Krieges in den Grenzen der kontinentalen USA sicher, eine Bedrohung der westlichen Hemisphäre war nicht zu erkennen. Anders die Politiker, Diplomaten und Strategen, die weiter die ganze Welt nach Anzeichen für mögliche Gefährdungen der nationalen Sicherheit der USA absuchten und bestrebt waren, sie dem amerikanischen Volk plausibel zu machen. Zu diesen Gefahren zählten die in Russland und der Ukraine nach dem Zusammenbruch der Sowjetunion verbliebenen Nuklearwaffen, die mögliche Weiterverbreitung von atomaren, chemischen und biologischen Massenvernichtungswaffen, die neue Gefahr des Terrorismus, der Anbau, Verkauf und Schmuggel von Drogen; aber auch „Schurkenstaaten" wie Nordkorea, der Iran und der Irak, die sich als regionale und US-feindliche Hegemonialmächte konsolidieren, im Falle von Iran und Irak zugleich den Zugang des Westens zum Öl und die Sicherheit Israels bedrohen könnten. Auch der militante Islamismus wurde schon unter Clinton ein

Teil der Bedrohungsvorstellungen. Der Anschlag auf das World Trade Center in New York vom Februar 1993 war ein erstes Anzeichen dafür, dass der terroristische Islamismus auch die USA erreichen konnte.

Wie theoretisch diese Gefahren aber für die Lebenswirklichkeit der Durchschnittsamerikaner blieben, zeigte sich darin, dass die wenigen militärischen Interventionen in der Amtszeit Clintons, mit Ausnahme von Bombardierungen des Iraks, nichts mit diesen Gefahren für die nationale Sicherheit zu tun hatten, sondern mit „humanitären Interventionen", um die Folgen von Bürgerkrieg, Völkermord und ethnischen Säuberungen einzudämmen.

In Somalia hatte Clinton ein Erbe von George Bush übernommen, der sich dazu entschlossen hatte, im Rahmen der UNO auch amerikanische Soldaten einzusetzen, um den Bürgerkrieg mit Hilfe einer multilateralen Truppe zu beenden und den Frieden wiederherzustellen. Die Bilder von toten amerikanischen Soldaten, die durch die Straßen der Hauptstadt Mogadischu geschleift wurden, waren der Anfang vom Ende der amerikanischen Intervention, vor allem der Anfang des dramatischen Ansehensverfalls der UNO in der amerikanischen Öffentlichkeit.

In der Krise um Haiti, die schließlich im September 1994 mit der unblutigen Landung amerikanischer Truppen beendet wurde, hatte Clinton zwar als erster Präsident der USA für ein multilaterales Eingreifen der USA in der westlichen Hemisphäre (!) auch ein Mandat der UNO eingeholt, doch führten die Erfahrungen von Somalia und Haiti dazu, die Glaubwürdigkeit der UNO als Mittel zur Durchsetzung amerikanischer Interessen zu untergraben. In Ruanda weigerten sich die USA sogar, einer UNO-Friedensmission zur Eindämmung eines Völkermordes größten Ausmaßes zuzustimmen.

Der wichtigste Fall einer „humanitären Intervention" allerdings, der nicht nur die USA, sondern auch Europa, Russland, China und die NATO während der neunziger Jahre beschäftigte, war der Jugoslawien-Krieg (Bosnien, Kosovo). Die

Grundfrage lautete: Sollten die USA aus humanitären Gründen militärisch intervenieren, um Krieg, Völkermord und Vertreibung zu stoppen, für die in erster Linie, aber nicht allein, die Serben und ihr Führer Milosovic verantwortlich waren? Von den innenpolitischen Problemen abgesehen, zögerten die USA auch deshalb so lange, weil auf dem Balkan, anders als etwa im Mittleren Osten, keine strategischen Interessen auf dem Spiele standen. Außerdem hielt die Regierung Clinton es zunächst für eine Aufgabe der Europäer, das Problem zu lösen, zumindest einzudämmen. Die Europäer allerdings erwiesen sich als schwach, uneinig und handlungsunfähig. Das lag auch darin begründet, dass Russland die serbische Karte spielte. Der schließlich geführte doppelte Luftkrieg – 1995, um das Abkommen von Dayton (Ohio) herbeizubomben, 1999, um Milosovic zum Rückzug aus dem Kosovo zu zwingen – führte zwar zum ersten gemeinsamen militärischen Einsatz der NATO, war aber ganz überwiegend ein amerikanischer Luftkrieg, der in den USA das Prestige der NATO und der Europäer nicht gerade förderte. Besonders die amerikanischen Militärs fühlten sich durch die Europäer eher politisch behindert als militärisch unterstützt.

Gerade bei der Rechtfertigung dieses Kriegseinsatzes im zerfallenen Jugoslawien spielte für die amerikanische Regierung und das amerikanische Volk das stärkste moralische Argument eine gewichtige Rolle, das in der amerikanischen – und deutschen – Öffentlichkeit für den Einsatz von militärischer Gewalt aufgeboten werden kann: die Erinnerung an den Holocaust. Denn die neunziger Jahre waren auch das Jahrzehnt des 20. Jahrhunderts, das besonders durch die „Amerikanisierung des Holocaust" geprägt war. Beginnend in den sechziger Jahren des 20. Jahrhunderts, haben sich die Auseinandersetzungen mit und das Gedenken an den Völkermord, der an den Juden Europas begangen wurde, tief in das kollektive Gedächtnis der Amerikaner eingeprägt. Der Holocaust ist nicht nur zum Zentrum der Identität der amerikanischen Juden, sondern auch zu einem wichtigen Bestandteil der amerikanischen Zivilreligion geworden. Diese Amerikanisierung des Holocaust, die ständige

Konfrontation mit dem absolut Bösen, gibt der amerikanischen Nation die immerwährende Möglichkeit, das Böse zu externalisieren. Zugleich stellt sie die Amerikaner vor die Notwendigkeit, die eigene Mission, die freiheitlich-demokratische Sendung, zu erneuern. Im Angesicht des Holocausts überzeugt sich die amerikanische Nation immer wieder davon, die einzig unersetzliche Nation der Welt zu sein. So formulierte es Clintons Außenministerin Madeleine Albright[8], für die die Erinnerung an den Holocaust das überragende Motiv für den US-Luftkrieg gegen Serbien wurde.

Von diesen militärischen Interventionen abgesehen, die möglichst kein amerikanisches Menschenleben kosten durften, blieb es für Präsident Clinton aus innenpolitischen Gründen so gut wie unmöglich, irgendwo auf der Welt kriegerisch einzugreifen, gar einen vorbeugenden Krieg *(preemptive war)* gegen eine mögliche, aber nicht klare und nicht gegenwärtige Bedrohung der USA zu beginnen. Deshalb musste der Präsident sich in erster Linie auf eine vorbeugende Diplomatie verlassen, um mögliche Gefahren für die zukünftige Sicherheit und Wohlfahrt der USA abzuwehren. Präventive Diplomatie statt Präventivkrieg war deshalb das durchgängige Muster der US-Außenpolitik in der Ära Clinton.

Schon der Versuch, die Zonen liberaler Marktwirtschaften auszuweiten, war in Clintons Verständnis Teil einer vorbeugenden Diplomatie. Die Aufrechterhaltung und, wenn nötig, notwendige Anpassung der bilateralen und multilateralen Bündnisse der USA an die strategische Situation nach dem Ende des Kalten Krieges, auch Veränderungen der globalen Institutionen wie der Vereinten Nationen, der Welthandelsorganisation, der Weltbank, des Weltwährungsfonds oder Neuaufnahmen im Club der G-7-Staaten (alles natürlich im Interesse der USA) konnten so interpretiert werden. Verschiedene Versuche Clintons, Konfliktparteien, etwa im israelisch-palästinensischen Konflikt, in Nordirland oder in Jugoslawien, mit einer Mischung aus Zuckerbrot und Peitsche am Konferenztisch zum Frieden zu zwingen, waren besonders sichtbare Zeichen einer vorbeugenden Friedensdiplomatie, die dem hektisch in der Welt herumfliegenden Präsidenten auch zu Hause einen Popularitätsgewinn bringen sollte.

Die Herkulesaufgabe einer vorbeugenden, Stabilität befördernden Diplomatie von globaler Reichweite wollten die USA in den neunziger Jahren des 20. Jahrhunderts nicht alleine schultern. Die Regierung Clinton war gewillt, soweit wie möglich die Hilfe von Verbündeten und multilateralen Organisationen – zu Beginn seiner Amtszeit sogar der Vereinten Nationen – in Anspruch zu nehmen und in diesem Sinne die erfolgreiche Politik während des Kalten Krieges fortzusetzen. Umgekehrt erwarteten die Amerikaner aber, dass diese Verbündeten ihren Anteil zur Aufrechterhaltung von Ordnung und Frieden im pro-amerikanischen Sinne aufbrachten. Allerdings seien die Amerikaner entschlossen, so schon Clinton, notfalls im Alleingang zu handeln, wenn ihre wichtigsten nationalen Interessen gefährdet seien.

Wenn auch die Amerikaner unter der Regierung Clinton die multilaterale Methode nie ganz aufgaben, so setzte doch, wie schon angedeutet, sowohl in der Regierung als auch bei den Republikanern und konservativen Denkfabriken eine schrittweise Ernüchterung über die Wirksamkeit der multilateralen Methode und internationalen Organisationen wie der UNO oder der NATO ein. Aus amerikanischer Perspektive erwiesen sich die UNO, die NATO und die europäischen Verbündeten mehrfach als Resolutionen verfassende Papiertiger, unfähig und unwillens zum entschlossenen Handeln. Das Problem des Iraks und Saddam Husseins, der Jugoslawien-Konflikt und der Friedensprozess im Nahen Osten zeigten für viele Amerikaner die Grenzen der Wirksamkeit der multilateralen Methode.

Das vielleicht wichtigste Beispiel vorbeugender Diplomatie war die gesamte Neuordnung des eurasischen Kontinentes nach dem Zusammenbruch der Sowjetunion und dem Rückzug der sowjetischen Truppen aus dem Zentrum Europas. Russland schrumpfte auf ein Territorium, das es am Ende des 16. Jahrhunderts nach den Niederlagen des Zaren „Iwan des

Schrecklichen" beherrscht hatte. Alle Expansionsgewinne vom 17. Jahrhundert bis zum Ende des Zweiten Weltkrieges gingen wieder verloren (wenn man von der Enklave Kaliningrad/Königsberg einmal absieht). Das Land hatte seinen Einfluss im Nahen und Mittleren Osten, im Mittelmeer und Indischen Ozean eingebüßt, von Afrika und Kuba ganz zu schweigen. Die ehemaligen Sowjetrepubliken in Zentralasien entzogen sich einer effektiven Kooperation im Rahmen der GUS-Staaten (der Gemeinschaft Unabhängiger Staaten).

Der insgesamt unblutige Zusammenbruch des sowjetischen Imperiums gehört nach allen historischen Erfahrungen zu den unvorhersehbaren Wundern der Geschichte. Alle marktwirtschaftlichen Staaten und Regionen der Welt, insbesondere Europa, Japan und die USA, hatten in dieser Situation ein doppeltes Interesse: einerseits an inneren Reformen in Russland, um Rechtssicherheit, ausländische Investitionen, Zugang zu den Märkten und Rohstoffen sicherzustellen; andererseits an einer Integration des neuen Russlands in das Weltstaatensystem und Geflecht internationaler Beziehungen, um zu verhindern, dass ein großrussisch aufgeladener Revanchismus zur militärischen Expansion und der „Rückeroberung" ehemaliger Größe führte.

Während Clinton, wie schon erwähnt, daran scheiterte, Russland in eine Zone freiheitlicher Marktwirtschaft zu verwandeln, ist es den Regierungen von Bush dem Älteren und Clinton im Großen und Ganzen gelungen, im Rahmen einer vorbeugenden Diplomatie die eigenen Interessen durchzusetzen und zugleich Russland in den Bahnen gesprächs- und kompromissbereiter Kooperation zu halten. Das wichtigste Element der amerikanischen Vorwärts-Strategie war die NATO-Osterweiterung, die von Clinton zunächst abgelehnt wurde, unter dem Druck der Kritik der Republikaner zu einer Grundsatzdebatte in den USA führte und schließlich gegen den hinhaltenden Widerstand Russlands im Mai 1999, aus Anlass des 50-jährigen Jubiläums der NATO, zur Aufnahme Polens, Ungarns und Tschechiens in diesen kollektiven Beistandspakt führte. Für die amerikanischen Befürworter galt die Osterweiterung als diplomatisch-militärische Mehrzweckwaffe. Aufgeschreckt durch die brutale Politik Russlands in Tschetschenien sollte die Osterweiterung den mitteleuropäischen Staaten Sicherheit vor einem revisionistischen Russland geben, der NATO neue Bedeutung einhauchen, die hegemoniale Führungsrolle der USA in Europa zugleich stabilisieren und nach Osten ausweiten sowie Russland durch Mitarbeit an einer „Partnerschaft für den Frieden" und einem ständigen NATO-Rat für Russlandfragen das Gefühl nehmen, nicht nur eingedämmt, sondern auch noch isoliert zu sein. Übrigens spielte auch in diesem Fall die Holocaust-Analogie eine Rolle. Bei der Eröffnung des Holocaust-Museums in Washington am 22. April 1993 beschworen der tschechische Staatspräsident Vaclav Havel und der Pole Lech Walesa den seelisch bewegten Clinton, so etwas nie wieder zuzulassen.[9]

Auch in der Nuklearpolitik, der strategischen Rüstungskontrolle und der Nichtweiterverbreitung von Kernwaffen folgte Clinton gegenüber Russland im Großen und Ganzen der vorbeugenden Diplomatie seines Vorgängers, George Bush. Russland wurde in eine Reihe von Abkommen einbezogen, die USA halfen Russland finanziell, u. a. um die Reduktion der russischen Kernwaffen zu finanzieren, und dachten nicht daran, den historisch gewachsenen Sonderstatus des Landes als einer herausgehobenen, privilegierten Nuklearmacht anzutasten. Die strategische Konsequenz dieser „Politik der Ebenbürtigkeit" war aber, dass Russland theoretisch die einzige Nation blieb, die die Sicherheit der USA – um den Preis des eigenen Unterganges – gefährden konnte.

Im Nahen Osten hingegen, insbesondere im Konflikt zwischen Israel und den Palästinensern, konnte Clintons vorbeugende Diplomatie letzten Endes wenig bewirken. Die US-Außenpolitik in dieser Region blieb auch nach dem Ende des Kalten Krieges, was sie seit 1947 gewesen war: Krisendiplomatie mit begrenzter Wirkung. Trotz des Gaza-Jericho-Abkommens zwischen Israel und den Palästinensern im September 1993, trotz des Friedensschlusses zwischen Israel und Jordanien im Oktober 1994, trotz Clintons hektischen Versuchen, am Ende seiner Amtszeit Israels Ministerpräsidenten Barak und den Präsidenten der Palästinenser, Jassir Arafat, in Camp David zu einem Frieden zu überreden, gelang es nicht, irgendeine Ursache des tödlichen Feind-Verhältnisses zwischen Israel und den Palästinensern zu beseitigen.

Auch die amerikanische Politik gegenüber dem Irak und dem Regime Saddam Husseins blieb, besonders in den Augen der Kritiker Clintons unter den Republikanern, erfolglos. Auch in diesem Fall hatte er allerdings ein problematisches Erbe seines Vorgängers angetreten. Weil Bush der Ältere während des Golfkrieges kein UN-Mandat zum Sturz von Saddam Hussein hatte, die amerikanischen Truppen nicht in blutige Häuserkämpfe in Bagdad verwickeln und die arabischen Staaten nicht vor den Kopf stoßen wollte, außerdem ohnehin kein Konzept für eine Nachkriegsordnung nach einem Sturz Saddam Husseins im Irak besaß, waren die US-Truppen nach der Befreiung Kuwaits nicht nach Bagdad weitermarschiert, um Saddam Hussein – tot oder lebendig – in ihre Hand zu bekommen. Obwohl Clinton in diesem Fall über die Politik vorbeugender Diplomatie hinausging und strategische Stellungen des Diktators bombardierte, war der Wille Saddam Husseins nicht zu brechen. Er warf sogar die sehr erfolgreichen Waffeninspektoren der UNO Ende 1998 aus dem Land. Weder die wirtschaftlichen Sanktionen der UNO, noch die durch englische und amerikanische Flugzeuge bewachten Flugverbotszonen, noch die Waffeninspekteure konnten das Regime Saddam Husseins destabilisieren. Der Irak wurde deshalb schon am Ende der Amtszeit Clintons vor Nordkorea und dem Iran zu Amerikas Schurkenstaat Nummer eins.

VIII. Kapitel

Auf dem Weg zur imperialen Hypermacht?

Die manichäische Falle ist besetzt.
US-Außenpolitik nach dem 11. September 2001

Der Terrorangriff am 11. September 2001 auf das Symbol des Kapitalismus und des freien Handels in einer globalisierten Welt, das World Trade Center in New York, und auf das Symbol der globalen militärischen Macht der USA, das Pentagon, hat, wie jeder Krieg, die realen Machtverhältnisse offengelegt. Er wurde zur Stunde der Wahrheit – über die alles überragende Stellung der einzig verbliebenen Supermacht der Welt, die Bedeutungslosigkeit von UNO und NATO und, damit verbunden, die weltpolitische Marginalisierung Europas. Von der Utopie, dass sich die NATO irgendwann auf zwei Pfeiler, einen amerikanischen und einen europäischen, stützen würde, ist nichts übrig geblieben. Die auf der Konferenz von Prag im Jahre 2002 aus der Taufe gehobene „neue NATO" wird entweder funktionslos oder ein Nebenerwerbsbetrieb der USA unter ihrer Kontrolle sein: Nebenerwerbesbetrieb deshalb, weil 90 % des US-Militärpotentials außerhalb der NATO Verwendung findet. NATO-Generalsekretär Robertson hat Europa zurecht einen „militärischen Pygmäen"[1] genannt.

Die USA dagegen haben, wenn man von dem angelsächsischen Verbündeten Großbritannien und einigen eher symbolischen Hilfsvölkern absieht, praktisch im Alleingang zwei Blitzkriege geführt und militärisch gewonnen. In Afghanistan benötigten die USA gut hundert Tage, um durch Hochtechnologie, Bomben, ca. 70 Millionen US-Dollar Bestechungsgelder und nur ungefähr 500 Amerikaner am Boden das Taliban-Regime zum Einsturz zu bringen und der Terrororganisation Al-Quaida eine territoriale Basis zu entziehen. Gegen den Irak und Saddam Hussein benötigten die USA neben Hochtechnologie,

Bomben und Bestechungsgeldern zwar mehr Bodentruppen, dafür ging aber alles noch schneller.

Diese neue militärische Entschlossenheit der USA unter ihrem Präsidenten George W. Bush und die Unterstützung dieser kriegerischen Politik durch die Mehrheit des amerikanischen Volkes ist ohne den 11. September nicht zu erklären. Der erfolgreiche Angriff der Terroristen hat die amerikanische Nation in einem Ausmaß getroffen und erschüttert, das von Völkern, die Bombenangriffe in ganz anderer Größenordnung erlebt und überlebt haben, nur schwer zu verstehen ist. Trauer, Wut und die Angst vor einem weiteren Angriff, auch das tiefe Bedürfnis nach Rache, sind nur zu erklären, wenn man bedenkt, dass dem amerikanischen Volk eine Sicherheit genommen wurde, die bis dahin zum selbstverständlichen Teil des *American way of life* gehörte: die territoriale Unversehrtheit. Die nukleare Bedrohung im Zeitalter des Kalten Krieges war aufgrund der erfolgreichen Politik der Abschreckung für das amerikanische Volk weitgehend abstrakt geblieben. Vorher galt der schon zitierte Witz über die unvergleichliche amerikanische Sicherheitslage: im Norden ein schwaches Kanada, im Süden ein schwaches Mexiko, im Osten Fische und im Westen Fische. Die Terroristen gefährdeten und gefährden das oberste Ziel der US-Strategie im 20. Jahrhundert, ja seit der Monroe-Doktrin von 1823, nämlich die Sicherheit der kontinentalen USA. Der von Präsident Bush mehrfach bemühte Vergleich, der 11. September sei das Pearl Harbor des 21. Jahrhunderts, ist untertrieben. Bei dem Angriff der Japaner handelte es sich um einen Außenposten im Pazifik, der Angriff der Terroristen zielte auf das symbolische Herz der USA. Der 11. September hat daher das Lebensgefühl der Amerikaner von Grund auf verändert.

Der neue Feind schuf Klarheit. Auf dem Kompass des amerikanischen Globalismus gab es einen neuen Nordpol. Die Unübersichtlichkeit der Weltlage und die damit teilweise verbundene Ratlosigkeit der US-Weltpolitik in der Amtszeit von Präsident Clinton verflüchtigten sich. Die manichäische Falle des amerikanischen Sendungsbewusstseins ist wieder besetzt, eben durch den internationalen Terrorismus. Der amerikanische Globalismus ruht erneut auf der Trias von Furcht vor einem „Reich des Bösen", globalen Interessen und der Missionsidee der Freiheit.

Der große Unterschied zu den Regierungen von Präsident Bush dem Älteren und Präsident Clinton liegt deshalb in der Militarisierung der US-Außenpolitik. Zwar gilt grundsätzlich die dreifache, globale Bestimmung des nationalen Interesses der USA weiter, die unteilbare Sicherheit, der unteilbare Weltmarkt und die unteilbare Freiheit, aber die militärische und die ideelle Komponente, Sicherheit und Freiheit, haben gegenüber dem Markt eindeutig an Bedeutung gewonnen. Es ist fast so, als hätten in Washington die Krieger und Priester die Händler von der Spitze der US-Regierung verdrängt.

Hand in Hand mit der Militarisierung der US-Außenpolitik nach dem 11. September geht ihre Unilateralisierung, d. h. mit dem seit dem 11. September noch gewachsenen, stolzen Bewusstsein, die einzig verbliebene Supermacht der Welt zu sein, die ihre Interessen notfalls allein vertreten kann und Verbündete nur sucht und benutzt, wenn diese das tun, was die USA wollen. In einer Kriegskoalition ist nur der willkommen, der zu amerikanischen Bedingungen kämpft *(coalition of the willing)*.

Die Welt ist aus der Perspektive von Präsident Bush und seiner einflussreichen Berater, überwiegend einer Generation von Falken, die vor der 68er-Bewegung sozialisiert wurde, unipolar geworden. Es gibt keine rivalisierende Macht mehr, und so soll es nach Ansicht der Falken auch bleiben. So könnten die Sicherheit der USA und die Ordnung in den verschiedenen Regionen der Welt im Konfliktfall nicht durch Bündnisse gleicher Mächte – die es eben nicht mehr gibt –, auch nicht durch internationale Organisationen wie die UNO und multilaterale Verfahren, sondern letzten Endes nur durch die Militärmacht der USA gewährleistet werden. Gulliver könne sich nicht durch multilaterale Verfahren und die Fesseln der vielen Zwerge binden lassen.

Diese von den Falken schon vor dem 11. September 2001 entwickelte Weltsicht ist durch den Terrorismus noch verstärkt worden. Denn erst seit dem 11. September finden die Falken den notwendigen Rückhalt im amerikanischen Volk; erst seit dem 11. September kann Präsident Bush seinen Zwei-Fronten-Krieg gegen die tatsächlichen und vermeintlichen Terroristen zu Hause und in der Welt führen. Erst seit dem 11. September wird das besondere Wesen seiner Präsidentschaft sichtbar, nämlich der dauernde Ausnahmezustand. Gestützt auf die Angst und den Patriotismus der Mehrheit der Amerikaner, die Mehrheit der regierungskonformen Massenmedien, den patriotischen Konformitätsdruck in der amerikanischen Gesellschaft, die Flucht des Kongresses aus der außenpolitischen Verantwortung und die Unfähigkeit der Demokraten, eine erkennbare Alternative zu formulieren, versucht Bush, die Nation in dauernder Alarmbereitschaft zu halten. Politisch lebt seine Präsidentschaft seit dem 11. September vom und durch den Krieg.

Der Terrorismus stellt, besonders in der möglichen Kombination mit Massenvernichtungswaffen, nach Ansicht von Präsident Bush eine neue Art von Bedrohung dar, die weder eingedämmt noch abgeschreckt werden könne, sondern vernichtet werden müsse. Die USA müssten angesichts dieser neuen Bedrohung eine neue Symmetrie der Verteidigung finden. Terroristen respektierten keine Grenzen, die USA könnten es deshalb auch nicht tun. Deshalb müssten sie, notfalls präventiv und notfalls allein, in die Innenpolitik anderer Staaten eingreifen. Die dem klassischen Völkerrecht zugrundeliegende Souveränitätsvorstellung schütze erstens auch Diktaturen und sei zweitens angesichts dieser neuen Bedrohung eine selbstmörderische Illusion.

Die Grundelemente der amerikanischen Antwort auf den 11. September schälten sich, wie Historiker erstaunlicherweise schon heute wissen, innerhalb von neun Tagen heraus, zwischen dem Angriff und dem 20. September 2001, als Präsident Bush vor beiden Häusern des Kongresses die Antwort auf die Herausforderung durch den Terrorismus formulierte. Sein jährlicher Rechenschaftsbericht zur Lage der Nation vom 29. Januar 2002 enthielt keine strukturellen Neuigkeiten. Auch die manichäische Teilung der Welt in Gut und Böse – symbolisiert in der „Achse des Bösen", die die Staaten Irak, Iran und Nordkorea aus der Sicht von Bush verkörpern – war tendenziell schon in seiner Rede in der Washingtoner Kathedrale vom 14. September und der Ansprache im Kongress am 20. September 2001 enthalten. Über die Entscheidungsprozesse im Weißen Haus vom 11. bis 20. September sind Historiker deshalb so vorzüglich informiert, weil zwei Journalisten, Dan Balz und der berühmte Watergate-Veteran Bob Woodward, vom 27. Januar bis 3. Februar 2002 in der „Washington Post" eine atemberaubende Insider-Geschichte in acht Folgen publizierten, die auf ausführlichen Interviews und Gesprächen mit allen Hauptbeteiligten, einschließlich Präsident Bush, beruht. Obwohl die Journalisten die Leser warnten, dass diese Geschichte notwendigerweise unvollständig sei und einige Gegenstände von den Hauptbeteiligten nicht diskutiert werden wollten, um die nationale Sicherheit und die Vertraulichkeit der Beratungen nicht zu gefährden, können die zentralen Elemente der amerikanischen Antwort und ihre Motive mit großer Klarheit rekonstruiert werden. Für diese Rekonstruktion benutzt der Historiker sein übliches Handwerkszeug: innere und äußere Quellenkritik, Vergleich der wörtlichen Zitate aus dem Zentrum der Macht mit den öffentlichen Verlautbarungen und den tatsächlichen Handlungen, Einordnung der gewonnenen Hypothesen in das Erfahrungs-, d.h. Regelwissen des Interpreten über seinen Gegenstand. Die Einsichten und Fakten der Reportage der beiden Journalisten sind überdies ein hervorragender Schlüssel zum Verständnis der öffentlichen Reden von Präsident Bush. Bob Woodward hat eine für die ersten Tage gekürzte, in der Sache bis zum Ende des Afghanistankrieges ergänzte Fassung in Buchform veröffentlicht, die auch ins Deutsche übersetzt wurde.[2]

Es gibt die kluge Beobachtung, dass in Fragen der Politik und Weltgeschichte die Politiker das erste Wort, die Journalisten das zweite, die Politikwissenschaftler das dritte, aber die Historiker das letzte Wort haben. In diesem Fall ist das Wort erstaunlich schnell zu den Historikern durchgereicht worden.

Die zentralen politischen Entscheidungen, die bis heute Gültigkeit haben, begann Präsident Bush schon an dem chaotischen 11. September zu treffen, als er Mühe hatte, von Florida über Nebraska wieder in das Weiße Haus zurückzukehren. Diese Entscheidungen waren spontan, sie kamen gleichsam aus dem Bauch, etwas vornehmer ausgedrückt: aus dem Kern seiner Person. Es gibt ein Photo von Präsident Bush, als ihm kurz nach 9 Uhr Ortszeit in einer Volksschule in Sarasota die Nachricht vom Angriff auf den zweiten Turm, den Südturm, des World Trade Centers überreicht wurde. Bushs Blick geht zugleich nach Innen und in die Ferne. Später sagt er über diesen Augenblick: „In diesem Augenblick wurde mir klar, dass wir in den Krieg gehen würden." Die frühen Entscheidungen wurden auch durch die Beratungen der nächsten Tage nicht wesentlich modifiziert. Wie überhaupt gesagt werden muss, dass Bush zur Überraschung vieler die treibende und natürlich kraft Amtes entscheidende Person auf amerikanischer Seite war und vermutlich bis heute ist. Was nun waren die spontanen Einsichten und Reaktionen des Präsidenten am 11. September?

Der Angriff, so Bush, ist nicht nur ein Akt des Terrorismus, der Angriff bedeutet Krieg, und zwar Krieg mit potentiell weltweiten Dimensionen. Als CIA-Direktor George J. Tenet Bush noch am 11. September darauf aufmerksam machte, man habe im Hinblick auf den Terrorismus ein 60-Länder-Problem, antwortete Bush, man werde eines nach dem anderen „'rannehmen". Der 11. September sei, so Bush, ein Fanal, das Pearl Harbor des 21. Jahrhunderts. Schon an diesem Tag formulierte er, ohne seinen Außenminister Colin Powell überhaupt zu fragen, auch jene Strategie, die dann als „Bush-Doktrin" bekannt wurde. Wie jeder amerikanische Präsident, der etwas auf sich hält und in die Geschichte eingehen will, formulierte also auch Bush eine Doktrin. Ihr Inhalt: Die amerikanische Regierung werde im bevorstehenden Krieg keinen Unterschied machen zwischen Terroristen, die die Verbrechen begehen, und jenen, die diesen einen sicheren Hafen gewährten. Außerdem werde er die ganze Welt zu einer politischen und moralischen Parteinahme zwingen: Entweder ihr seid für uns, oder ihr seid für die Terroristen.

In den nächsten Tagen wurden weitere Elemente der amerikanischen Antwort sichtbar. Man werde die Nation und die Welt auf einen langen Krieg vorbereiten müssen. Die Antwort müsse hart und spektakulär sein und die Terroristen wirklich treffen. „The American people", so Bush, „wants a Big Bang." Clintons Taktik, zur Beruhigung der öffentlichen Meinung in den USA einige Marschflugkörper gegen vermutete Terroristen abzufeuern, sei völlig unzureichend. Die Welt und die Terroristen, so Bush, müssten von dem Eindruck befreit werden, dass die USA ein materialistisches und hedonistisches Land seien, das nicht bereit sei, für seine Sicherheit, seine Interessen und die Freiheit der Welt zu kämpfen.

Einig war sich Bush mit seinen Beratern – unter anderem mit Vizepräsident „Dick" Cheney, mit Verteidigungsminister Donald H. Rumsfeld, mit Außenminister Colin L. Powell, mit Generalstabschef Henry H. Shelton, mit Generalstaatsanwalt John D. Ashcroft, mit seinem Stabschef Andrew H. Card, mit CIA-Direktor Tenet und mit der überaus einflussreichen Sicherheitsberaterin Condoleezza Rice – , dass die USA eine weltweite Koalition gegen den Terrorismus schmieden müssten, allerdings ausschließlich zu Bedingungen, die in Washington festgelegt würden. Bush sprach im kleinen Kreis zwar davon, dass die Gerechtigkeit der amerikanischen Sache die Welt an die Seite der USA bringen werde, aber er machte zugleich klar, dass die amerikanische Mission die Koalition zu definieren habe, nicht umgekehrt. Mehrmals betonte Bush in diesen internen Debatten, dass die USA notfalls allein kämpfen würden. Am Sonntag, den 15. September, konferierte er, wie einst sein Vater vor der Entscheidung zum Golfkrieg, mit seinen engsten Beratern im präsidentiellen Landsitz in Maryland, in Camp David. Ihnen gegenüber erklärte der Präsident über den bevorstehenden Krieg gegen den Terrorismus: „Es kann sein, dass wir irgendwann als einzige übrig bleiben. Ich habe nichts dagegen. Wir sind Amerika." Diese Äußerung beunruhigte Außenminister Powell, der dafür zuständig war, den Beschluss der Regierung Bush, eine internationale Koalition im Kampf gegen den Terrorismus zu schmieden und zumindest den Anschein von Multilateralität zu wahren, umzusetzen. Allerdings hatte Powell am Tag zuvor in der Kabinettssitzung zur allgemeinen Erheiterung beigetragen, als er von seinen Telefonaten mit 35 Regierungen berichtete, die er schon vormittags geführt habe. Von so viel Multilateralität, so Powell, sei er fast seekrank geworden.

Auch die operativen und strategischen Entscheidungen wurden in den Diskussionen der ersten Tage gefällt, wie überhaupt diese Tage einen erneuten Beweis für die Fähigkeit des amerikanischen politischen Systems darstellen, auch und gerade in Krisenzeiten Entscheidungen zu fällen. Man darf nicht darüber nachdenken, was passiert wäre, wenn der Angriff auf London, Paris, Rom oder Berlin gezielt hätte. Dazu gehörte der Entschluss, in Afghanistan gegen die Taliban zu kämpfen, um Bin Laden und die Terrororganisation Al-Quaida zu vernichten. Erst nach mehrtägigen, kontroversen Beratungen wurde ein zeitgleicher Angriff auf den Irak aufgeschoben. Gegen einen Angriff auf den Irak wandte sich besonders Generalstabschef Shelton, weil es bisher keinen Beweis dafür gebe, dass der Irak für den Terrorismus verantwortlich sei. Auch Powell war beunruhigt, dass Cheney, Rumsfeld und sein Stellvertreter Wolfowitz auch in den nächsten Monaten immer wieder das Thema „Irak" zur Debatte stellten.

Um das Kriegsziel in Afghanistan zu erreichen, wurde der härteste, von Shelton vorgetragene Kriegsplan von Präsident Bush in Kraft gesetzt, nämlich in Afghanistan mit Marschflugkörpern, mit Bombern und auch mit Spezialeinheiten auf dem Boden einzugreifen. Zugleich unterzeichnete Bush eine Verordnung, in dem der CIA zu einer beispiellosen Ausweitung und Intensivierung seiner geheimen Aktivitäten in 80 Staaten autorisiert wurde. Die massive Erhöhung der Summe für Bestechungsgelder war dabei die friedlichste Maßnahme. CIA-Direktor Tenet hatte nach Camp David einen Meisterplan mitgebracht, betitelt „World Wide Attack Matrix", in dem der geheime Kampf in diesen 80 Ländern entworfen wurde. Bush war nach dem Vortrag seines CIA-Chefs so begeistert, dass er ausrief: „Great job!"

Schließlich wird aus der Analyse dieser internen Beratung deutlich, dass der tiefsitzende Manichäismus von Präsident Bush, die Scheidung der Welt in Gut und Böse, keine aufgesetzte, öffentliche Geste ist, sondern zum Kern seines politischen Weltbildes gehört. Der Krieg sei, so Bush gegenüber seinen engsten Beratern, ein monumentaler Kampf zwischen Gut und Böse, ein Kreuzzug, der seine Präsidentschaft und sein Bild in der Geschichte bestimmen werde. Bushs Hauptredenschreiber Michael Gerson bezeugt, er habe den Präsidenten noch nie so voller Leidenschaft erlebt wie bei der Vorbereitung seiner Rede vom 20. September, die er und seine Kollegen auf Anregung von Bush einige Mal umschreiben mussten und die Bush selbst Zeile für Zeile korrigierte. Mit Emphase erklärte Bush zwei Tage vor der Rede gegenüber Gerson: „Dies wird meine Präsidentschaft bestimmen." Nach der Rede, die von 80 Millionen der 281 Millionen Amerikaner auf dem Bildschirm live verfolgt wurde, sagte Bush zu Gerson: „Ich habe mich noch nie in meinem Leben so mit mir im Reinen gefühlt." Bush hat seine Mission gefunden, die noch lange nicht beendet ist: die Vernichtung des Bösen, wenn nötig in einem langen Krieg; die Gewährleistung der zukünftigen Sicherheit der USA durch präventive Einsätze, wenn nötig überall auf der Welt, und strengste Sicherheitsmaßnahmen im Lande selbst. Dieser Krieg kann lange dauern, wenn nötig so lange wie der Zweite Weltkrieg oder der Kalte Weltkrieg. Für Bush darf sich der 11. September nicht wiederholen. Deshalb erklärte Bush am 20. September vor dem Kongress:

„Dies ist nicht nur Amerikas Kampf. Was auf dem Spiel steht, ist nicht allein Amerikas Freiheit. Dies ist der Kampf der gesamten Welt. Dies ist der Kampf der Zivilisation, dies ist der

Kampf aller, die an Fortschritt und Pluralismus, Toleranz und Freiheit glauben ... Die zivilisierte Welt schart sich um Amerika. Sie weiß, dass ihre Städte, ihre Bürger die nächsten sein könnten, wenn dieser Terror ungestraft bleibt ... Der Verlauf dieses Konfliktes ist noch ungewiss, aber sein Ausgang ist sicher. Freiheit und Angst, Gerechtigkeit und Grausamkeit befinden sich stets im Krieg, und wir wissen, dass Gott in ihrem Kampf kein neutraler Beobachter ist. Meine Mitbürger, wir werden der Gewalt mit geduldiger Gerechtigkeit begegnen – in dem sicheren Bewusstsein, dass unser Anliegen richtig ist, und im Vertrauen auf kommende Siege. In allem, was vor uns liegt, möge Gott uns Weisheit schenken; und möge ER über die Vereinigten Staaten von Amerika wachen."[3]

Inzwischen gibt es die gut begründete Vermutung, dass der 11. September für eine äußerst einflussreiche Gruppe von Amtsträgern und politischen Strategen, die in einem beispiellosen Akt der Machtübernahme gleichsam das Weiße Haus „gekidnappt" und Herz und Verstand des Präsidenten erreicht haben, zu der weltgeschichtlichen Gelegenheit wurde, um das zu tun, was sie in den neunziger Jahren in ihren Publikationen und Denkschriften vorgedacht hatten: die Begründung einer konkurrenzlosen Pax Americana für das 21. Jahrhundert. Diese Gruppe will nicht eine amerikanische Weltherrschaft, aber eine Weltvorherrschaft errichten, die es den USA auf unbestimmte Zukunft erlaubt, die Strukturen der Welt im pro-amerikanischen Sinne zu bestimmen.

Die machtpolitische Sonderstellung zeigt sich auch darin, dass diese Revolutionäre im Konfliktfall bereit sind, in die Innenpolitik anderer Staaten, wenn nötig militärisch, einzugreifen, selbst aber nicht im Traum daran denken, auf das zentrale Element des modernen Staates zu verzichten, wie es sich seit dem 17. Jahrhundert herausgebildet hat: die nationale Souveränität. Sie bestehen auf der Unabhängigkeit nach außen, der Politik der freien Hand und der Fähigkeit zum einseitigen Handeln. Diese Revolutionäre sind nicht gewillt, die Entscheidungsfreiheit der USA durch internationales Recht und internationales Abkommen einschränken zu lassen, wenn es dem widerspricht, was sie für das nationale Interesse der USA halten.

Die Weigerung, die USA für den Schutz der Umwelt durch die Kyoto-Protokolle oder bei der Verfolgung von Kriegsverbrechen und Menschenrechtsverletzungen durch einen internationalen Gerichtshof binden zu lassen, sind dafür prominente Beispiele. In dieser Hinsicht trennt die konservativen Revolutionäre ein Ozean von der politischen Klasse und Kultur der Bundesrepublik, die ganz auf Frieden, Multilateralität, Verrechtlichung der internationalen Beziehungen und Selbsteindämmung eingeschworen ist. Für die Repräsentanten des auserwählten Volkes dagegen kommt erst die Moralität, dann die Legalität.

Die Weltvorherrschaft soll sich auf eine globale militärische Dominanz zu Wasser, in der Luft und im Weltraum stützen, auch auf militärische Basen, die sich inzwischen über die Welt verbreitet haben. Diese neue Dominanz macht es auch möglich, dem obersten Grundsatz der amerikanischen Kriegsführung und der Erwartung des amerikanischen Volkes zu genügen, möglichst wenig eigene Truppen im Landkrieg einzusetzen und möglichst wenig amerikanisches Menschenleben zu riskieren. Zugleich verringert diese neue Dominanz die Abhängigkeit von militärischen Bundesgenossen wie im Zweiten Weltkrieg, als die russischen Soldaten die deutschen Divisionen dezimierten und in der Endphase des Krieges die japanischen Heere auf dem chinesischen Festland vernichten sollten. Außerdem geht die Entwicklung der von Präsident Reagan begonnenen Raketenabwehrprogramme weiter. Ferner haben die USA, von der Öffentlichkeit kaum wahrgenommen, im Frühjahr 2002 das Versprechen zurückgenommen, nicht-nukleare Mächte nicht mit Atomwaffen anzugreifen. Das oberste Ziel dieser Strategie ist es, möglichst die USA gegen jeden Angriff sicher zu machen, zugleich jeden Teil der Welt für amerikanische Interventionen offen zu halten. Damit produzieren sie ein klassisches Sicherheitsdilemma: Je totaler die Sicherheit für die USA, desto totaler die Unsicherheit für den Rest der Welt.

161

Der uneinholbare militärische Vorsprung ist für die konservativen Revolutionäre die Basis zukünftiger amerikanischer Weltvorherrschaft. Daneben rechnen sie mit dem Gewicht der amerikanischen Volkswirtschaft, dem Einfluss der amerikanischen Populärkultur, mit wechselnden Bündnissen und der Attraktivität des amerikanischen Versprechens von Freiheit. Mit dem Begriff „Weltvorherrschaft" kann diese neue Utopie deshalb angemessen beschrieben werden, weil er uns gestattet, sie einerseits vom Ziel der „Weltherrschaft", andererseits von der hegemonialen Rolle als Führungsmacht der westlichen Welt im Kalten Krieg zu unterscheiden. Im Selbstverständnis der Weltvorherrschaftsideologen haben es die USA wegen des Zusammenbruches der Sowjetunion nicht länger nötig, wie im Kalten Krieg die Rolle des „wohlwollenden Hegemons" zu spielen, das heißt im Rahmen ihrer Führungsrolle die Interessen der abhängigen Bündnispartner zu berücksichtigen, im Dialog Interessenunterschiede durch pragmatische Kompromisse einzuebnen und auf dieser Grundlage freiwillige Gefolgschaft zu gewinnen. Nicht umsonst konnte während des Kalten Krieges die amerikanische Außenpolitik gegenüber Westeuropa im allgemeinen, der Bundesrepublik im besonderen als „Imperium auf Einladung" oder „Imperium durch Integration"[4] beschrieben werden. Weltvorherrschaft ist nicht mehr Hegemonie und noch nicht Weltherrschaft, sie liegt irgendwo dazwischen, die genaue Position ändert sich durch die sich wandelnden Rahmenbedingungen der Weltpolitik.

Wenn den USA das in den nächsten Jahrzehnten gelänge, würden sie – im Sinne der Weltvorherrschaft – zu einer imperialen Hypermacht von globaler Reichweite. Im Vergleich dazu war das Römische Reich eine regionale, um das Mittelmeer zentrierte Macht, auch auf dem Höhepunkt seines Einflusses nur eines unter mehreren Reichen, die sich vom Atlantischen Ozean über ganz Eurasien hinweg bis zum Pazifischen Ozean erstreckten, wie das Reich der Parther und Kushana.[5]

Der engere Führungskreis um Bush liest sich wie ein „Wer ist Wer?" dieser Ideologen der amerikanischen Weltvorherrschaft.[6] Dazu zählen der nach Ansicht vieler einflussreichste Politiker nach dem Präsidenten, sein Vizepräsident Dick Cheney, dessen Stabschef I. Louis Libby und dessen Sicherheitsberater Eric Edelmann; Verteidigungsminister Rumsfeld, sein Stellvertreter Paul Wolfowitz und sein Berater Richard Perle; der stellvertretende Außenminister Richard Armitage und der Staatssekretär für Rüstungsfragen im Außenministerium, John Bolten; und natürlich die Sicherheitsberaterin Condoleezza Rice, die wie niemand sonst über das knappste Gut in einer imperialen Präsidentschaft verfügt, über ständigen Zugang zum Präsidenten, und zwar nicht nur im Weißen Haus, sondern auch in Camp David und in Texas. Schon im Wahlkampf 2000 bekannte der damals außenpolitisch unerfahrene Bush, niemand könne ihm die Außenpolitik besser erklären als Condoleezza Rice.

Misst man den Präsidenten selbst, der vor Beginn des ganz auf Innenpolitik konzentrierten Präsidentschaftswahlkampfes im Jahre 2000 außenpolitisch ein unbeschriebenes Blatt und weniger in der Welt herumgekommen war, als die besseren Heidelberger Geschichtsstudenten, an seinen öffentlichen Äußerungen und Taten, dann hat er die Weltsicht der Weltvorherrschaftsideologen weitgehend übernommen. Ähnliches gilt für seine Sicherheitsberaterin Condoleezza Rice. Bei dem missionarischen Eifer, mit dem diese Gruppe ihre Ziele verfolgt, darf man davon ausgehen, dass fast alle Führungspositionen im Weißen Haus und den entscheidenden Ministerien inzwischen von Clinton-Leuten gereinigt wurden. Es soll noch Inseln des Widerstandes im Außenministerium geben, dessen Chef Colin Powell, trotz schwerster Differenzen mit diesen unilateralen Falken, als loyaler Soldat, patriotischer Amerikaner und ehrgeiziger Politiker bisher nicht das getan hat, was der Präsident selbst für eine politische Ursünde hält: Streit innerhalb der Regierung nach außen zu tragen. Inneramerikanische Kritiker lässt der Präsident nicht ins Weiße Haus vor, auf öffentliche Kritik reagiert er beleidigt und nachtragend, besonders dann, wenn seine moralische Integrität und die Legitimität seiner Mission infrage gestellt werden.

Im Bannkreis und im Austausch mit der Regierung Bush bewegt sich ein Zirkel von Historikern, Strategen, Kommentatoren und Analysten, die durch ihre Bücher und Denkfabriken die neue Weltsicht verbreiten: neben William Kristol, Elliot A. Cohen, Lawrence F. Kaplan, Victor Davis Hanson, Bernd Lewis auch Robert Kagan, der die Welt mit der Erkenntnis überraschte, dass die Amerikaner vom Mars (kriegerisch und handlungsstark), die Europäer von der Venus (friedfertig und handlungsunfähig) seien.[7] Oder Francis Fukuyama, ein ehemaliger „Hegel im Außenministerium", der schon 1992 verkündete, dass die Weltgeschichte an ihr Ende gekommen sei, weil es für die gesamte Welt keine mögliche und moralisch berechtigte Alternative zum westlich-amerikanischen Modell von Markt und Freiheit mehr gebe.[8]

Diese Ideologen der amerikanischen Weltvorherrschaft sind belesen und geschichtsbewusst. Sie denken über den Aufstieg und Fall der bisherigen Weltreiche nach, suchen nach Analogien, Lehren und Handlungsanweisungen aus der Geschichte, um den zukünftigen Fall des neuen amerikanischen Imperiums möglichst zu vermeiden. Die Machtpolitiker plündern Klassiker wie Thukydides, Machiavelli und Hobbes aus, die Militärstrategen fragen sich, wie die USA ein neues Pearl Harbor oder einen zweiten 11. September unter den modernen Bedingungen asymmetrischer Kriegsführung vermeiden könnten[9], und die Naturrechtler entdecken Philosophen wie Leo Strauss, um die freiheitliche Mission Amerikas auf eine moralische Grundlage zu stellen.

Man pflegt diese Gruppe inzwischen weltweit als „Neokonservative" (Neocons) zu bezeichnen. Angemessener wäre es, sie „konservative Revolutionäre" zu nennen. Sie sind „konservativ" in dem Sinne, dass sie genau das „bewahren" wollen, was in diesem Buch beschrieben und erklärt wurde: die globale, machtpolitische Sonderstellung der USA als Ergebnis der Geschichte des 20. Jahrhunderts – und die amerikanische Sendungsidee der Freiheit, die zivile Religion Amerikas, wie sie sich seit dem 18. Jahrhundert herausgebildet hat, eben Amerikas Macht und Mission, „power and mission".

Jeder, der die Selbstzeugnisse der Ideologen der amerikanischen Weltvorherrschaft und die offizielle Weltdeutung des Weißen Hauses vom September 2002 liest, entdeckt sofort, dass es ganz falsch wäre, nur die machtpolitischen Passagen über die neue amerikanische Unilateralität zu zitieren und die Zivilreligion der Freiheit lediglich als Rhetorik oder falsches Bewusstsein zu deuten, wie es im säkularisierten Europa und Deutschland zum guten Ton gehört. Die machtpolitische Realität USA wird auch von der Regierung Bush als Vision und Idee verstanden.

„Revolutionär" sind diese Konservativen in dem Sinne, dass sie nach dem Ende der bipolaren Welt des Kalten Krieges das Kernprinzip ihrer eigenen Verfassung, die Gewaltenteilung und Gewaltenverschränkung *(checks and balances)*, in der internationalen Politik aufheben und die USA als einzig verbliebene und konkurrenzlose Supermacht auf Dauer etablieren wollen. Das ist in der Tat eine revolutionäre Utopie, entworfen gegen alle Erfahrung und Wahrscheinlichkeit. Diese Utopie ist zugleich von tiefer Angst getrieben, von der Angst vor dem Chaos, der Unübersichtlichkeit und Pluralität der Welt, ja vor dem Teufel und den Kräften des Bösen. In den Tiefenschichten dieser scheinbar kalten Machtpolitiker lauert die Angst vor dem Ende des amerikanischen Traums. Und nicht von ungefähr gibt es Anzeichen dafür, dass auch innenpolitisch mit der schleichenden Erosion bürgerlicher Freiheiten das Prinzip der Gewaltenteilung aufgeweicht werden könnte.

Wer diese „konservativen Revolutionäre" verstehen will, muss sich nur die Mühe machen, gut hundert Seiten Text zu lesen, die öffentlich und über das Internet zugänglich sind: erstens ein zusammenfassendes Strategiepapier der Weltvorherrschaftsdenker, das im und für den Wahlkampf 2000 veröffentlicht wurde; ein Papier für eine zukünftige Pax Americana, das an – brutaler – Deutlichkeit und Klarheit nichts zu wünschen übrig lässt.[10] Und zweitens das offizielle, vom Weißen Haus publizierte Memorandum zur nationalen Sicherheit vom 17. September 2002.[11]

Der wahlkämpferische Ausgangspunkt der konservativen Strategen im Jahre 2000 war eine Kritik an der aus ihrer Sicht unzusammenhängenden und ratlosen Außenpolitik Clintons nach dem Ende des Kalten Krieges. Die Zeit des Experimentierens und des Herumtastens sei vorbei. Clinton habe keine Vision für die zukünftige Rolle Amerikas in der Welt gehabt. Die Tragödien des 20. Jahrhunderts hätten zur Genüge bewiesen, was geschehe, wenn die USA die Dinge treiben ließen und nicht die Führungsaufgabe in der Welt übernähmen – eine klare Anspielung auf die Politik der USA in der Zeit zwischen den beiden Weltkriegen. Die USA hätten eine vitale Rolle zu spielen, um den Frieden und die Sicherheit in Europa, Asien und im Mittleren Osten aufrechtzuerhalten.

Die politische Konsequenz dieser neuen Ortsbestimmung Amerikas war die Forderung nach einer gewaltigen Aufrüstung und Modernisierung der amerikanischen Streitkräfte, eine Reorganisation des Pentagons eingeschlossen. Diese Chance könne auch deshalb genutzt werden, weil es zum ersten Male seit vierzig Jahren einen laufenden Überschuss im Bundeshaushalt gäbe. Während Präsident Clinton angekündigt hatte, diesen Überschuss in der Zukunft für den Ausbau der sozialen Sicherungssysteme zu verwenden, sahen die neuen Strategen darin eine goldene Gelegenheit, um die Militärausgaben der Zukunft zu finanzieren.

Präsident Bush ist in seiner tatsächlichen Politik genau diesem Meisterplan gefolgt. Die öffentlichen Äußerungen von Verteidigungsminister Rumsfeld sind, soweit sie sich nicht auf aktuelle Lagen beziehen, Variationen auf diese Grundmelodie, oft Hymnen auf die neue Qualität und zukünftige globale Bedeutung der amerikanischen Streitkräfte. Die Blitzsiege gegen Afghanistan und den Irak sind aus der Sicht der konservativen Revolutionäre triumphale Bestätigungen der neuen Strategie.

Ein weiteres Leitmotiv der konservativen Revolutionäre war schon Anfang der neunziger Jahre eine scharfe Kritik an der Nahost-Politik Bushs des Älteren und Clintons. Sie hielten es für einen strategischen Fehler erster Ordnung, Saddam Hussein und sein Regime nicht gestürzt zu haben, als sich 1991 im ersten Golfkrieg die Chance dafür geboten hatte. Denn aus ihrer Sicht muss die gesamte Region von Grund auf neu gestaltet werden, wenn die USA ihre strategischen Interessen langfristig sichern wollten und der israelisch-palästinensische Konflikt nach über fünfzig Jahren erfolgloser Krisendiplomatie gelöst werden soll.

Aufgrund dieser schon in den neunziger Jahren formulierten Strategie gibt es gute Gründe für die Vermutung, dass die offizielle Rechtfertigung des Angriffes gegen den Irak vor der UNO und der Welt, eine Bedrohung der USA durch Massenvernichtungswaffen, nur vorgeschoben war und der Angriff als Teil eines strategischen Gesamtplanes zur Neuordnung im Nahen Osten gedeutet werden muss. Die von den Geheimdiensten zusammengebastelte Bedrohungsanalyse hatte, so scheint es, den gleichen Zweck wie Roosevelts Behauptungen im Jahre 1941, dass die Nationalsozialisten Lateinamerika unter ihre Kontrolle bringen und letzten Endes die USA selbst angreifen wollten. Wieder einmal wurden die Gefahren für die Sicherheit der USA und der westlichen Hemisphäre übertrieben, um die amerikanische Bevölkerung in Angst und Schrecken zu versetzen *(zooming in the enemy)*.

Der mit dieser möglichen Täuschung und dem Bruch des Völkerrechts verbundene, weltweite Ansehensverlust der USA trifft allerdings auf eine Regierung, die nicht nur die alleinige Macht hat zu handeln, sondern sich auch moralisch im Recht fühlt. Denn während in dem strategischen Grunddokument aus dem Jahre 2000 mehr von Macht als von Mission die Rede ist, eröffnet Präsident George W. Bush das Vorwort zur nationalen Sicherheitsstrategie vom 17. September 2002 mit einem Manifest der naturrechtlich begründeten, zivilreligiösen Mission der Freiheit, mit einem Motiv, das das ganze Dokument durchzieht: „Die großen Auseinandersetzungen des 20. Jahrhunderts zwischen Freiheit und Totalitarismus endeten mit einem deutlichen Sieg für die freiheitlichen Kräfte und einem einzigen nachhaltigen Modell für nationalen Erfolg: Freiheit, Demokratie und freies Unternehmertum. Im 21. Jahrhundert werden nur diejenigen Nationen das Potenzial ihrer Bürger freisetzen und zukünftigen Wohlstand sichern können, die sich dem Schutz grundlegender Menschenrechte und der Gewährleistung politischer und wirtschaftlicher Freiheit verpflichtet haben. Menschen auf der ganzen Welt wollen das Recht der freien Rede, sie wollen ihre Regierung wählen können, ihre religiöse Überzeugung leben und ihren Kindern eine Schulbildung ermöglichen – seien es nun Jungen oder Mädchen –, Eigentum besitzen und die Früchte ihrer Arbeit genießen. Diese Werte der Freiheit sind für alle Menschen und in jeder Gesellschaft richtig und wahr, und die Pflicht, diese Werte gegen Feinde zu verteidigen, ist die gemeinsame Aufgabe aller freiheitsliebenden Menschen überall auf der Welt und zu allen Zeiten."[12]

An anderen Stellen des Dokumentes heißt es: „Schließlich werden die Vereinigten Staaten die Gunst der Stunde nutzen, um die Vorzüge der Freiheit in der ganzen Welt zu verbreiten." „Freiheit ist eine nicht verhandelbare Forderung menschlicher Würde, das Geburtsrecht jedes Menschen in jeder Zivilisation." „Die Vereinigten Staaten müssen Freiheit und Gerechtigkeit verteidigen, denn diese Prinzipien sind für alle Menschen überall wahr und richtig."[13]

Bekanntlich ist die überwiegende Mehrheit der amerikanischen Versuche gescheitert, durch oder nach einer militärischen Intervention demokratische Regime zu gründen und langfristig zu festigen. Nach einer neuen Studie[14] sind von 16 Versuchen dieser Art im 20. Jahrhundert nur vier, nämlich in Westdeutschland und Japan, mit einigen Abstrichen in den Kleinstaaten Grenada und Panama, erfolgreich gewesen. Erfolgreich bedeutet, dass zehn Jahre nach Abzug der US-Truppen noch immer eine Demokratie existierte. Auch aus dieser Perspektive gehört die Demokratisierung der alten Bundesrepublik zu den größten Erfolgsgeschichten der US-Außenpolitik im 20. Jahrhundert. Es kommt nicht von ungefähr, dass Präsident Bush in der Vorgeschichte des Irakkrieges ständig den Vergleich mit Deutschland und Japan im Munde führte.

Dieser Vergleich wird sich mit an Sicherheit grenzender Wahrscheinlichkeit als falsch erweisen. Der Irak und vermutlich auch Afghanistan werden die lange Liste gescheiterter amerikanischer Versuche verlängern, Völkern und Staaten mit Gewalt die Freiheit zu bringen: Haiti, Kambodscha, Südvietnam, die Dominikanische Republik, Kuba, Nicaragua und Panama von 1903 bis 1936. Diese Einschätzung gilt unabhängig von der Frage, ob die USA die Autorität und die Kosten eines solchen Versuches der UNO überlassen oder im Alleingang „nation building" betreiben.

Das wird die USA aber nicht daran hindern, es immer wieder zu versuchen. Denn es gehört zum Wesen der weltlichen Utopie, dass sie, wie die Religion, ihren utopischen Überschuss, ihren Hoffnungskern nicht durch die schlechte Wirklichkeit und leidige Tatsachen zerstören lässt. Das gilt auch für Amerikas zivilreligiöse Sendungsidee der Freiheit. Die Hoffnung auf eine bessere Zukunft, der Glaube an eine neue Chance, den Fortschritt und die Verbesserung des Menschengeschlechtes prägen dieses Sendungsbewusstsein. Auch Bush gehört zu den Generationen von Amerikanern, die die Geschichte des eigenen, auserwählten Volkes als eine Erfolgsgeschichte zu immer mehr Freiheit hin interpretieren. Im Sicherheitsmemorandum heißt es: „Unsere eigene Geschichte ist die eines langen Kampfes, um unseren eigenen Idealen gerecht zu werden. Aber selbst in den schlimmsten Augenblicken waren die in der Unabhängigkeitserklärung festgeschriebenen Grundsätze unser Leitfaden. Im Ergebnis sind die Vereinigten Staaten nicht nur eine stärkere, sondern auch eine freiere und gerechtere Gesellschaft." [15]

Präsident Bush ist offensichtlich zutiefst davon überzeugt, dass es seine Mission sei, diese amerikanischen Werte zu universalisieren. In dem programmatischen Anspruch des Memorandums, die Zonen freier und marktwirtschaftlicher Staaten zu erweitern, gibt es eine große, gemeinsame Schnittmenge mit den Politiken seiner Vorgänger, von Woodrow Wilson bis Bill Clinton. Im Gegensatz zu seinem eher pragmatischen Vater, der große Probleme mit dem *vision thing* hatte, vertraute Bush dem Journalisten Bob Woodward in einem Gespräch auf seiner Ranch in Texas an, sein größter Wunsch sei es, für den „Weltfrieden" zu kämpfen. Jeder Mensch habe die Fähigkeit, die Erde besser zu verlassen, als er sie vorgefunden habe.[16] Wie Präsident Woodrow Wilson oder Franklin D. Roosevelt hätte er keine Mühe, ein berühmtes Wort Abraham Lincolns auf globale Maßstäbe zu übertragen: Die Welt könne nicht halb frei und halb versklavt sein. Auf die Diskrepanz zwischen Ideal und Wirklichkeit angesprochen, könnte er, ähnlich wie Roosevelt 1943, seinen Kritikern entgegnen, die die Ideale seiner „vier Freiheiten" und der Atlantikcharta für unsinnig, weil nicht realisierbar hielten: Wenn diese Leute vor 150 Jahren gelebt hätten, hätten sie die Unabhängigkeitserklärung verhöhnt, fast tausend Jahre zuvor hätten sie über die Magna Charta gelacht und mehrere tausend Jahre zuvor ihren Spott über Moses ausgegossen, als er mit den zehn Geboten vom Berge kam.[17]

In der Tat hat George W. Bush seinen Gegnern ähnlich geantwortet: „Heutzutage sind diese Ideale ein Rettungsanker für die einsamen Verteidiger der Freiheit. Wenn es zur Öffnung einer Gesellschaft kommt, können wir die Veränderungen unterstützen, so wie wir das zwischen 1989 und 1991 in Mittel- und Osteuropa oder im Jahr 2000 in Belgrad getan haben. Wenn wir erleben, wie demokratische Prozesse bei unseren Freunden in Taiwan oder in der Republik Korea Fuß fassen und wie gewählte Politiker die Generäle in Lateinamerika und Afrika ersetzen, dann sehen wir Beispiele dafür, wohin sich autoritäre Systeme entwickeln können, wenn Geschichte und Tradition eines Landes eine Verbindung mit den Grundsätzen eingehen, die uns so sehr am Herzen liegen."[18]

Es ist deshalb überaus bezeichnend, wie der Präsident Macht und Vision in der besseren Zukunft vereinen will. Das Ziel seiner Außenpolitik, so heißt es in dem Sicherheitsmemorandum mehrfach, sei „ein die Freiheit begünstigendes Kräftegleichgewicht." Es sei das Ziel dieser Strategie, die Welt nicht nur sicherer, sondern besser zu machen. Selbst der israelisch-palästinensische Konflikt könne nur auf der Grundlage der Freiheit gelöst werden: „Im Nahen Osten kann es für keine Seite Frieden geben, ohne dass auf beiden Seiten Freiheit herrscht."[19]

Eingelagert in diese Vision von Freiheit ist der harte, machtpolitische Entwurf der US-Weltvorherrschaft, die Zukunft eines Staates, der notfalls allein, ohne Rücksicht auf das Völkerrecht und „vorbeugend" *(preemptive)* handeln wird. „Die Vereinigten Staaten werden gegebenenfalls präemptiv handeln, um solche feindlichen Akte unserer Gegner zu vereiteln oder ihnen vorzubeugen."[20]

Ihre Kraft gewinnt diese Sendungsidee der Freiheit allerdings erst dadurch, dass Bush nicht allein den innerweltlich begründeten Fortschritt zu immer mehr Freiheit vorantreiben will, sondern diesen Fortschritt auch im Namen Gottes verkündet. Erst diese Verbindung macht die Idee der Freiheit zu einer zivilreligiösen Mission, macht Bush zu einem Freiheitskrieger im Namen Gottes oder Gotteskrieger im Namen der Freiheit. Er steht damit, wie in diesem Buch gezeigt, in der ältesten Tradition Amerikas.[21]

Es handelt sich keineswegs, wie der deutsche Bundespräsident Johannes Rau vermutet, um ein „grandioses Missverständnis", wenn Präsident Bush von der göttlichen Mission Amerikas spricht, sondern um ein Kernelement amerikanischer Identität. Trotz der Trennung von Staat und Kirche sind die USA ein religiöses Land mit einer unendlichen Vielfalt von Kirchen und Gottesvorstellungen.

Je nach Perspektive kann man die zivilreligiöse Sendungsidee der Freiheit für eine besonders gelungene Verbindung von Christentum und Aufklärung halten, als steckengebliebene Verweltlichung der USA bedauern oder, wie der Papst, zahllose Repräsentanten evangelischer Kirchen und Millionen von Christen in der Welt, die göttliche Rechtfertigung amerikanischer Kriege als theologischen Skandal verurteilen; die Aufgabe des Historikers ist es nicht, zu richten, sondern zu beschreiben und zu erklären.

Seit Jahrhunderten sind besonders die europäischen Besucher der USA immer wieder verwundert und betroffen über die öffentliche Tugendreligion des Landes, über eine Mischung von gesundem Menschenverstand, protestantischer Theologie und christlichem Republikanismus. Am Anfang des 19. Jahrhunderts staunte zum Beispiel ein liberaler katholischer Edelmann aus Frankreich, Alexis de Tocqueville: „Der Protestantismus ist eine demokratische Lehre, die der Errichtung der gesellschaftlichen und politischen Gleichheit vorhergeht und sie erleichtert. Die Menschen haben gewissermaßen die Demokratie durch den Himmel geführt, bevor sie sie auf Erden errichteten."[22] Ein Jahrhundert später bezeichnete der englische Schriftsteller G. K. Chesterton Amerika als „Nation mit der Seele einer Kirche".

Präsident Bush der Jüngere unterscheidet sich von vielen seiner Vorgänger, auch von seinem Vater, nur in der Eindringlichkeit, mit der er den Namen Gottes im Munde führt und zugleich für seine politische Zwecke nutzt. Präsident George W. Bush hatte im Jahr 1986, im Alter von 40 Jahren, ein paulinisches Bekehrungserlebnis.[23] Seitdem studiert er im Freundeskreis die Bibel und wird nicht müde, öffentlich Zeugnis von seiner, durch die Erschütterung seiner Seele, erfahrenen Wiedergeburt zu geben. Diese befreite ihn von Alkohol und rettete vermutlich seine Ehe. Seit dieser Wiedergeburt führt er ein gottgefälliges, diszipliniertes, gesundes und zielstrebiges Leben. Aus dem Sohn eines prominenten Vaters mit nur mäßigen Erfolgen in Studium und Beruf, der in Krisenzeiten immer auf die finanzielle Protektion der reichen Freunde seines einflussreichen Vaters vertrauen konnte, wurde ein erfolgreicher Gouverneur von Texas, der es schaffte, aus dieser Position heraus Präsident der Vereinigten Staaten und damit der mächtigste Mann der Welt zu werden. Bush scheint diesen Erfolg durchaus mit seiner Wiedergeburt in Verbindung zu bringen.

Es ist zu vermuten, dass Präsident Bush am und durch den 11. September eine zweite, politische Wiedergeburt erlebte. Der durch Wahlschlamperei und Wahlmanipulationen halblegitim ins Amt gekommene Bush, dessen Präsidentschaft vor dem 11. September ohne beeindruckende Konturen blieb, unter abnehmender Zustimmung und – durch einen Überläufer – unter dem Verlust der republikanischen Mehrheit im Senat litt, hat im Kampf gegen den Terrorismus seine neue weltgeschichtliche Mission der Freiheit im Namen Gottes gefunden. Seine Wiedergeburt erwies sich auch innenpolitisch als außerordentlich opportun. Sie gab ihm Zugang zu der Christlichen Rechten und zu der evangelikalen Erweckungsbewegung, die, vom Süden der USA ausgehend, in den letzen 30 Jahren zu einer politischen Macht geworden sind, die immer mehr Schlüsselpositionen in Washington besetzt. Man kann diese Erweckungsbewegung als die vierte ihrer Art in der Geschichte der Kolonien und der USA ansehen. „Erwachen und Umkehr" blieben dabei nie auf den privaten Bereich beschränkt, sondern beeinflussten jedes Mal das amerikanische Gemeinwesen und erzeugten eine spirituell geprägte Öffentlichkeit. Die erste Erweckungsbewegung im 18. Jahrhundert gehörte zu den Voraussetzungen der Amerikanischen Revolution, die zweite Erweckungsbewegung zu Beginn des 19. Jahrhundert speiste die allgemeine Demokratisierung der USA und die Energien der Abolitionisten, einer weitgehend christlich geprägten Freiheitsbewegung gegen die Sklaverei. Die dritte Bewegung verkündete ein „soziales Evangelium", das sich besonders im sozialpolitischen Programm des New Deal unter Präsident Franklin Roosevelt in den 30er Jahren des 20. Jahrhundert niederschlug.

Was das Ergebnis dieser vierten Erweckungsbewegung sein wird, ist noch schwer abzusehen. Fest steht nur, dass Präsident Bush bald nach seiner Wiedergeburt entdeckte, wie nützlich diese auch politisch für die Konsolidierung und Verbreiterung seiner Machtbasis und der Republikaner zunächst in Texas, dann in den USA war. Auch in diesem Sinne verkörpert Bush die Symbiose von Macht und Mission. Seine Reden sind gespickt mit Bibelzitaten, im Weißen Haus und im Kabinett wird viel gebetet. Er unterstützt politische Forderungen glaubensgestützter *(faith-based)* Organisationen, zum Beispiel nach finanzieller Hilfe für konfessionelle Schulen. Eine solche Politik ist angesichts der Trennung von Staat und Kirche politisch und verfassungsrechtlich außerordentlich umstritten.

Der Methodist George W. Bush scheint allerdings nicht zu den Millionen von Amerikanern zu gehören, die angesichts des 11. September 2001 wieder einmal in der Naherwartung des Weltuntergangs leben und jedermann zur Umkehr auffordern, bevor es zu spät ist. Er hat sich auch nicht in die Diskussion zwischen den „Vor-Millenariern" und den „Nach-Millenariern" eingeschaltet, die sich heftig darüber streiten, ob das Tausendejährige Reich vor oder nach der Wiederkunft Christi errichtet werde. Allerdings entfachte er 1993 einen kleinen Sturm der Entrüstung, als er einem – jüdischen – Reporter erklärte, nur diejenigen kämen in den Himmel, die an Jesus glaubten.

Für die Welt außerhalb der USA ist von Bedeutung, dass George W. Bush Kraft, Entschlossenheit, Sendungsbewusstsein und ein gewisses Maß an Schicksalsergebenheit aus seinem Glauben gewinnt. Er meint, was er sagt, wenn er am 28. Januar 2003 in seinem Bericht über die Lage der Nation (und der Welt) verkündet: „Die Freiheit, die wir so hochschätzen, ist nicht das Geschenk Amerikas an die Welt, sondern das Geschenk Gottes an die Menschheit." [24] Präsident Bush, weder ein Theologe noch ein Intellektueller, weder besonders gebildet noch in freier Rede der amerikanischen Sprache besonders mächtig, ist in seinem Land ein populärer Präsident. Er ist bei der Mehrheit der Amerikaner nicht nur deshalb beliebt, weil er handelt, Führungsstärke zeigt und mit Hilfe der Medienberater und Massenmedien seine Präsidentschaft perfekt inszeniert, sondern auch, weil er die Dreieinigkeit Amerikas glaubhaft repräsentiert: Gott, Vaterland und Freiheit. Wie lange diese Unterstützung des amerikanischen Präsidenten durch das amerikanische Volk andauern und ob es ihm tatsächlich gelingen wird, eine amerikanische Weltvorherrschaft auf längere Zeit zu befestigen, kann niemand voraussagen. Denn Prognosen über die Zukunft könnte es nur geben, wenn es keine Zukunft mehr gäbe ...

Anmerkungen

Einleitung

[1] Vgl. http://www-news.uchicago.edu/releases/98/980630.patriotism.shtml. Alle Übersetzungen, soweit nicht anders angezeigt, vom Verfasser.

[2] Briefwechsel Roosevelt-Grew, in: Joseph C. Grew, Ten Years in Japan. A Contemporary Record Drawn from the Diaries and Official Papers of Joseph C. Grew, New York 1941, S. 354–363.

[3] Zitiert in: Paul M. Kennedy, Aufstieg und Fall der großen Mächte. Ökonomischer Wandel und militärische Konflikte von 1500 bis 2000, Frankfurt/M. 1991, S. 136.

[4] Ein Beispiel für den Versuch, beide Modelle miteinander zu verbinden, ist eine Analyse der deutsch-amerikanischen Beziehungen von 1945–1990, an der 132 Autoren von beiden Seiten des Atlantiks mitgearbeitet haben: Detlef Junker (Hg.) in Verbindung mit Philipp Gassert, Wilfried Mausbach und David B. Morris, Die USA und Deutschland im Zeitalter des Kalten Krieges, Band 1, 1945–1968; Band 2, 1968–1990, Stuttgart ²2001.

I. Kapitel

[1] Georg Kamphausen, Ideengeschichtliche Ursprünge und Einflüsse, in: Willi Paul Adams et al. (Hg.), Länderbericht USA, Bd. 1, Bonn ²1992, S. 265.

[2] Kurt L. Spillmann, Amerikas Ideologie des Friedens. Ursprünge, Formwandlungen und geschichtliche Auswirkungen des amerikanischen Glaubens an den Mythos von einer friedlichen Weltordnung, Bern 1984, S. 114. Vgl. auch Knud Krakau, Missionsbewusstsein und Völkerrechtsdoktrin in den Vereinigten Staaten von Amerika, Frankfurt/M. 1967, S. 128–155.

[3] Detlef Junker, Die manichäische Falle: Das Deutsche Reich im Urteil der USA 1871–1945, in: Klaus Hildebrand (Hg.), Das Deutsche Reich im Urteil der Großen Mächte und europäischen Nachbarn 1871–1945, München 1995, S. 141–158.

[4] Dieter Schulz, Rothäute und Soldaten Gottes. Amerikanische Ideologie und Mythologie von der Kolonialzeit bis Ronald Reagan, in: Jan Assmann/Dietrich Harth (Hg.), Kultur und Konflikt, Frankfurt/M. 1990, S. 287–303.

[5] Susan M. Socolow, The Population of the Colonial Americas, in: Wolfgang Reinhard/ Peter Waldmann (Hg.), Nord und Süd in Amerika, Freiburg 1992, Bd. l, S. 231–257.

[6] Stephan Palme, Einwanderung und Einwanderungspolitik, in: Willi Paul Adams et. al. (Hg.), Länderbericht USA, Bd. 2, a.a.O., S. 235.

[7] Maurice R. Davie, World Immigration. With Special Reference to the United States, New York 1936, S. 35–55.

[8] Wolfgang Helbich, Alle Menschen sind dort gleich... Die deutsche Amerika-Auswanderung im 19. und 20. Jahrhundert, Düsseldorf 1988, S. 19.

[9] Cleona Lewis, America's Stake in International Investments, Washington 1938, S. 546, 560.

II. Kapitel

[1] „This powerful race will move down upon Mexico, down upon Central and South America, out upon the islands of the sea, over upon Africa and beyond. And can anyone doubt that the result of this competition of races will be the ‚survival of the fittest'?": Josiah Strong, Our Country. Ed. by Jürgen Herbst, Cambridge, Mass. 1963, S. 214.

[2] Alfred Thayer Mahan, The Influence of Sea Power upon History 1660–1783, Boston 1890.

[3] Zitiert nach: A. Whitney Griswold, The Far Eastern Policy of the United States, New Haven/London [6]1968, S. 131f.

[4] P. T. Ellsworth, The International Economy, New York [2]1958, S. 180 f.

[5] The Papers of Woodrow Wilson ed. by Arthur S. Link, Bd. 30, Appeal for Neutrality vom 18. August 1914, Princeton 1973, S. 393f.

[6] Peter Graf Kielmansegg, Deutschland und der Erste Weltkrieg, Stuttgart [2]1980, S. 182.

[7] Wilson Papers Bd. 42, Kriegsbotschaft an den Kongress vom 2.4.1917, Princeton 1983, S. 519–527.

[8] Jacques Bainville, Frankreichs Kriegsziel. Les consequences politiques de la paix. Mit einer Einleitung von Prof. Dr. Friedrich Grimm, Hamburg 1939/40, S. 46.

III. Kapitel

1 U. S. Department of Commerce, Bureau of Foreign and Domestic Commerce (Hai B. Lary et al.), The United States in the World Economy. The International Transaction of the United States during the Inter-War Period, Washington 1943, S. 28 f.

2 Cleona Lewis, America's Stake, Washington 1938, S. 606.

3 Text der Verträge in: Henry Steele Commager (Hg.), Documents of American History, Bd. 2, Eaglewood Clifts ⁹1973, S. 181–185.

4 Foreign Relations of the United States (FRUS), 1932, Bd. 3, Washington 1949, S. 7 f.

5 FRUS, 1933, Bd. 1, S. 673.

IV. Kapitel

1 Abgedruckt in: Detlef Junker, Kampf um die Weltmacht. Die USA und das Deutsche Reich 1933–1945, Düsseldorf 1988, S. 73.

2 Umfrage der Zeitschrift „Fortune", April 1941, S. 102–104, 135–136 (repräsentative Gruppe von 2500 Personen).

V. Kapitel

1 U. S. Department of Commerce (Bureau of the Census), Historical Statistics of the United States: Colonial Times to 1957, Washington D. C. 1960, S. 70, 139, 409.

2 Ebd., S. 720.

3 Ebd., S. 719.

4 Civilian Production Administration (Bureau of Demobilization), Industrial Mobilization for War, Bd. 1, Washington D. C. 1947, S. 961.

5 Aussage Roosevelts in einem Schreiben an General McArthur vom Mai 1942, zitiert nach: John L. Gaddis, The United States and the Origins of the Cold War 1941–1947, New York/London 1972, S. 5.

6 Paul Kennedy, Aufstieg und Fall der großen Mächte. Ökonomischer Wandel und militärischer Konflikt von 1500 bis 200, Frankfurt/M. 1991, S. 532–538.

7 „I believe that it must be the policy of the United States to support free peoples who are resisting attempted subjugation by armed minorities or by outside pressures. I believe that we must assist free peoples to work out

their own destinies in their own way". Zitiert nach: Arthur M. Schlesinger Jr. (Hg.), The Dynamics of World Power, Bd. 1: Western Europe. Ed. by Robert Dallek, New York et al. 1973, S. 111–115, hier S. 113.

[8] „Our major premise is that our concern is with the future of Europe and not with Germany as a problem by itself ... Just as the unification of Germany is not an end in itself, so the divison of Germany is not an end in itself." FRUS, 1949, Bd. 3, S. 872f.

[9] Das Dokument wurde auf Initiative des damaligen nationalen Sicherheitsberaters Henry Kissinger deklassifiziert und veröffentlicht. Heute am besten zugänglich in: FRUS, 1950, Bd. 1, S. 237–292.

[10] „The only sure victory lies in the frustration of the Kremlin design by the steady development of the moral and material strength of the free world and its projection into the Soviet world in such a way as to bring about an internal change in the Soviet system".FRUS, 1950, Bd. 1, S. 291.

[11] Zit. nach: Walter LaFeber, The American Age. United States Foreign Policy at Home and Abroad since 1750, London 1989, S. 566.

VI. Kapitel

[1] Henry Kissinger, Die Vernunft der Nationen. Über das Wesen der Außenpolitik, Berlin 1994, S. 782.

[2] Kissinger, Vernunft der Nationen, S. 798.

[3] Walter LaFeber, The American Age. United States Foreign Policy at Home and Abroad since 1750, New York/London 1989, S. 615.

[4] Kissinger, Vernunft der Nationen, S. 748.

[5] Carl-Ludwig Holtfrerich/Hans Otto Schötz, Vom Weltgläubiger zum Weltschuldner: Erklärungsansätze zur historischen Entwicklung und Struktur der internationalen Vermögenspositionen der USA, Freie Universität Berlin, John F. Kennedy-Institut für Nordamerikastudien, Working Paper Nr. 9, 1987, S. 2.

[6] Carl-Ludwig Holtfrerich, Wirtschaft USA. Strukturen, Institutionen und Prozesse, München 1991, S. 369.

[7] Paul Kennedy, Aufstieg und Fall der großen Mächte. Ökonomischer Wandel und militärischer Konflikt von 1500 bis 2000, Frankfurt/M. 1991, S. 776; ders., In Vorbereitung auf das 21. Jahrhundert, Frankfurt/M., 1993, S. 378.

VII. Kapitel

1 Vgl. Joe Klein, Das Naturtalent. Die verkannte Präsidentschaft Bill Clintons, o. O., o. J., S. 175f.

2 Abgedruckt in: Klaus Dieter Schwarz, Amerikanische Weltmacht im Wandel. Halbzeitbilanz der Clinton-Administration, Baden-Baden 1995. Die folgenden Übersetzungen und Paraphrasen nach dieser Fassung.

3 Joe Klein, Das Naturtalent, S. 83.

4 Howard Rosen, Aktuelle Wirtschaftstrends in den Vereinigten Staaten, in: Stephan G. Bierling/Reinhard C. Meier-Walser (Hg.), Die Clinton-Präsidentschaft – ein Rückblick. Argumente und Materialien zur Zeitgeschichte 31 (2001), S. 9–26.

5 Address Before a Joined Session of the Congress on the State of the Union, January 27, 1998, State of the Union Address, in: Public Papers of the Presidents of United States, http://frwebgate.access.gpo.gov/cgi-bin/getpage.cgi? dbname=1998_public_papers_vol1_misc&page=112&position=all, S. 113.

6 Zitiert nach: Christian Hacke, Zur Weltmacht verdammt. Die amerikanische Außenpolitik von J. F. Kennedy bis G. W. Bush, München 2002, S. 550.

7 Vgl. Anm. 2., S. 5.

8 Zitiert in: The Washington Post, 6.12.1996, A 25.

9 Hacke, Zur Weltmacht verdammt, S. 570.

VIII. Kapitel

1 „Europe's Military Mirage", Stratfor, http://stratfor.com, 5. February 2002, 2, zitiert nach: Walter LaFeber, The Bush Doctrine, in: Diplomatic History Bd. 26, Nr. 4, Fall 2002, S. 554.

2 Bob Woodward, Amerika im Krieg, Stuttgart/München 2003.

3 Die deutsche Übersetzung nach: Frankfurter Allgemeine Zeitung, 22.9.2001, Nr. 221, S. 8.

4 Vgl. Geir Lundestad, The American „Empire", Oxford 1990.

5 Dennoch kann es sinnvoll sein, die Strukturen des Römischen Reiches mit den Strukturen des Neuen Roms zu vergleichen. Vgl. dazu Peter Bender, Weltmacht Amerika – Das Neue Rom, Stuttgart 2003.

6 Eine gute Übersicht bietet Stefan Fröhlich, Hegemonialer Internationalismus, in: Frankfurter Allgemeine Zeitung, 10.4.2003, Nr. 85, S. 8.

7 Robert Kagan, Macht und Ohnmacht. Amerika und Europa in der neuen Weltordnung, Berlin 2003.

8 Francis Fukuyama, Das Ende der Geschichte: Wo stehen wir?, München 1992.

[9] Vgl. Herfried Münkler, Die neuen Kriege, Hamburg 2002.

[10] Rebuilding America's Defenses. Strategy, Forces and Resources For a New Century. A Report of The Project for the New American Century, September 2000, 76 Seiten, http://www.newamericancentury.org/RebuildingAmericasDefenses.pdf.

[11] The National Security Strategy of the United States of America, September 2002, the White House, Washington D. C., 31 Seiten, www.whitehouse.gov/news/releases/2002/10/200211001-6.html. Eine gekürzte deutsche Übersetzung findet sich in: Internationale Politik 12 (2002), S. 113–138. Zitate nach dieser Übersetzung.

[12] Ebd., S. 113.

[13] Ebd., S. 114ff.

[14] Minxin Pei/Sara Kasper, Lessons from the Past. The American Record on Nation Building, in: Carnegie Endowment for International Peace, Policy Brief, 24 May 2003.

[15] Vgl. Anm. 11, S. 117.

[16] Bob Woodward, Bush at War. Amerika im Krieg, Stuttgart/München 2003, S. 374ff.

[17] Detlef Junker, Franklin D. Roosevelt. Macht und Vision: Präsident in Krisenzeiten, Göttingen ²1989, S. 133f.

[18] Vgl. Anm. 11, S. 117.

[19] Ebd., S. 120.

[20] Ebd., S. 125.

[21] Vgl. aus der uferlosen Literatur zu diesem Thema besonders: Mark A. Noll, America's God. From Jonathan Edwards to Abraham Lincoln, Oxford 2002. Anders Stephanson, Manifest Destiny. American Expansionism and the Empire of Right, New York 1995; Michael Adas, From Settler Colony to Global Hegemon: Interpreting the Exceptionalist Narrative of the American Experience into World History, in: American Historical Review (Dez. 2001), S. 1692–1720. Für weitere Literatur vgl. Knud Krakau, Exzeptionalismus – Verantwortung – Auftrag. Atlantische Wurzeln und politische Grenzen der demokratischen Mission Amerikas, in: Alois Mosser (Hg.) „Gottes auserwählte Völker". Erwählungsvorstellungen und kollektive Selbstfindung in der Geschichte, Frankfurt/M. 2001, S. 89 – 116.

[22] Alexis de Tocqueville, zitiert nach: Otto Kallscheuer, Erwachen. Ein nötiger Blick auf die amerikanische Zivilreligion, in: Neue Züricher Zeitung, 12.04.2003.

[23] Eine gute, zusammenfassende Reportage zu diesem Problem ist die Titelgeschichte von „Newsweek" vom 10.3.2003: „Bush & God. How Faith Changed His Life and Shapes His Agenda", S. 14–21.

[24] The President's State of the Union Adress vom 28.1.2003, http://www.whitehouse.gov/news/releases/2003/20030128-19.html.

Die Präsidenten der USA

1	1789–1797	George Washington
2	1797–1801	John Adams (F)
3	1801–1809	Thomas Jefferson (D)
4	1809–1817	James Madison (D)
5	1817–1825	James Monroe (D)
6	1825–1829	John Quincy Adams (D)
7	1829–1837	Andrew Jackson (D)
8	1837–1841	Martin van Buren (D)
9	4/1841	William Henry Harrison (W)
10	1841–1845	John Tyler (D)
11	1845–1849	James K. Polk (D)
12	1849–1850	Zachary Taylor (W)
13	1850–1853	Millard Fillmore (W)
14	1853–1857	Franklin Pierce (D)
15	1857–1861	James Buchanan (D)
16	1861–1865	Abraham Lincoln (R)
17	1865–1869	Andrew Johnson (D)
18	1869–1877	Ulysses S. Grant (R)
19	1877–1881	Rutherford B. Hayes (R)
20	3–9/1881	James A. Garfield (R)
21	1881–1885	Chester A. Arther (R)
22	1885–1889	Grover Cleveland (D)
23	1889–1893	Benjamin Harrison (R)
24	1893–1897	Grover Cleveland (D)
25	1897–1901	William McKinley (R)
26	1901–1909	Theodore Roosevelt (R)
27	1909–1913	William H. Taft (R)
28	1913–1921	Woodrow Wilson (D)
29	1921–1923	Warren G. Hardings (R)
30	1923–1929	Calvin Coolidge (R)
31	1929–1933	Herbert C. Hoover (R)
32	1933–1945	Franklin D. Roosevelt (D)
33	1945–1953	Harry S. Truman (D)
34	1953–1961	Dwight D. Eisenhower (R)
35	1961–1963	John F. Kennedy (D)
36	1963–1969	Lyndon B. Johnson (D)
37	1969–1974	Richard M. Nixon (D)
38	1974–1977	Gerald R. Ford (R)
39	1977–1981	James E. Carter (D)
40	1981–1989	Ronald W. Reagan (R)
41	1989–1993	George H. W. Bush (R)
42	1993–2001	William J. Clinton (D)
43	seit 2001	George W. Bush (R)

F = Föderalist, D = Demokrat, R = Republikaner, W = Whig

Literatur

Englischsprachige Gesamtdarstellungen

AMBROSE, STEPHEN E., Rise to Globalism. American Foreign Policy 1938–1970, Harmondsworth 1971 u. ö.

AMBROSIUS, LLOYD E., Woodrow Wilson and the American Diplomatic Tradition. The Treaty Fight in Perspective, Cambridge et. al. 1987.

ANDERS, STEPHANSON, Manifest Destiny. American Expansionism and the Empire of Right, New York 1995.

BAILEY, THOMAS A., A Diplomatic History of the American People, Englewood Cliffs [10]1980.

BROWN, SEYOM, The Faces of Power. Constancy and Changes in the United State Foreign Policy from Truman to Clinton, Boston 1994.

COHEN, WARREN I, America in the Age of Soviet Power 1945–1991, Cambridge 1993.

COX, MICHAEL, U. S. Foreign Policy after the Cold War. Super Power Without a Mission?, London 1995.

CRABB, CECIL, The Doctrines of American Foreign Policy, Baton Rouge 1982.

DALLEK, ROBERT, The American Style of Foreign Policy. Cultural Politics and Foreign Affairs, New York 1986.

DECONDE, ALEXANDER (Hg.), Encyclopedia of American Foreign Policy. Studies of the Principal Movements and Ideas, New York 1978.

DECONDE, ALEXANDER A History of American Foreign Policy, New York 1963.

FERRELL, ROBERT H., American Diplomacy. A History, New York / London [3]1975.

GADDIS, JOHN LEWIS, Russia, the Soviet Union and the United States. An Interpretive History, New York et. al. [2]1990.

GARDNER, LLOYD C., Imperial America. American Foreign Policy since 1898, New York et. al. 1976.

GARTHOFF, RAYMOND L., Detente and Confrontation. American-Soviet Relations from Nixon to Reagan, Washington D. C. 1985.

GRAEBNER, NORMAN A., America as a World Power. A Realist Appraisal from Wilson to Reagan, Wilmington 1986.

HENDRICKSON, DAVID C./TUCKER, ROBERT W., The Imperial Temptation. The New World Order and America's Purpose, New York 1992.

HOGAN, MICHAEL (Hg.), The End of the Cold War. Its Meaning and Implications, Cambridge 1992.

HOGAN, MICHEAL J./PATERSON, THOMAS G. (Hg.), Explaining the History of American Foreign Relations, Cambridge 1991 (2. Auflage 2003).

HUNT, MICHAEL H., Ideology and US. Foreign Policy, New Haven / London 1987.

IRIYE, AKIRA, The Globalizing of America 1913–1945, Cambridge 1993.

JEWETT, ROBERT; LAWRENCE, JOHN SHELTON, Captain America and the Cursade Against Evil. The Dilemma of Zealous Nationalism. Grand Rapids/Cambridge 2003.

LAFEBER, WALTER, The American Age. United States Foreign Policy at Home and Abroad since 1750, New York / London 1989.

LEFFLER, MELVYN P., A Preponderance of Power. National Security, the Truman Administration, and the Cold War, Stanford 1992.

LIEBER, ROBERT J., Eagle Adrift. American Foreign Policy at the End of the Century, New York 1996.

LUNDESTAD, GEIR , The American „Empire", Oxford 1990.

MAY, ERNEST R., Imperial Democracy. The Emergence of America as a Great Power, New York 1961.

MCCORMICK, THOMAS J., America's Half-Century. United States Foreign Policy in the Cold War, Baltimore / London 1989.

MCDOUGALL, WALTER A., Promised Land, Crusader State. The American Encounter with the World since 1776, Boston 1997.

MOORE, LAURENCE / VAUDAGNA, MAURIZIO (Hg.), The American Century in Europe, Ithaca / London 2003.

NOLL, MARK A., America's God. From Jonathan Edwards to Abraham Lincon, Oxford 2002.

PATERSON, THOMAS G./CLIFFORD, J. GARRY/HAGAN, KENNETH J., American Foreign Policy. A History, 2Bde., Lexington /Toronto ³1988.

PERKINS, DEXTER, The American Approach to Foreign Policy, Cambridge 1962.

PRATT, JULIUS W./DESANTIS, VINCENT P./SIRACUSA, JOSEPH M., A History of United States Foreign Policy, Englewood Cliffs ⁴1980.

SCHLESINGER, ARTHUR M. JR. , The Cycles of American History, Boston 1986.

SCHULZINGER, ROBERT D., American Diplomacy in the Twentieth Century, New York ³1994.

SMITH, TONY, America's Mission. The United States and the World-wide Struggle for Democracy in the Twentieth Century, Princeton, New Jersey 1994.

WELLS, SAMUEL F. JR./FERRELL, ROBERT H./TRASK, DAVID F., The Ordeal of World Power. American Diplomacy since 1900, Boston /Toronto 1975.

WILLIAMS, WILLIAM APPLEMAN, The Tragedy of American Diplomacy, New York 1962.

Deutschsprachige oder ins Deutsche übersetzte Literatur zur US-Außenpolitik im 20. Jahrhundert

ADAMS, WILLI P. et. al. (Hg.), Länderbericht USA. Geschichte – Politische Kultur – Politisches System – Wirtschaft, Bonn ²1992.

ANGERMANN, ERICH, Die Vereinigten Staaten von Amerika, München ⁹1995.

BERG, MANFRED, Gustav Stresemann und die Vereinigten Staaten von Amerika. Weltwirtschaftliche Verflechtung und Revisionspolitik 1907–1929, Baden-Baden 1990.

BRZEZINSKI, ZBIGNIEW, Die einzige Weltmacht. Amerikas Strategie der Vorherrschaft, Berlin 1997.

CZEMPIEL, ERNST-OTTO/SCHWEITZER, CARL-CHRISTOPH, Weltpolitik der USA nach 1945. Einführung und Dokumente, Bonn 1989.

FORNDRAN, ERHARD, Die Vereinigten Staaten von Amerika und Europa. Erfahrungen und Perspektiven transatlantischer Beziehungen seit dem Ersten Weltkrieg, Baden-Baden 1991.

FRAENKEL, ERNST, USA – Weltmacht wider Willen, Berlin 1957.

FRÖHLICH, STEFAN, Amerikanische Geopolitik von den Anfängen bis zum Ende des Zweiten Weltkrieges, München 1998.

FUKUYAMA, FRANCIS, Das Ende der Geschichte: Wo stehen wir?, München 1992.

HACKE, CHRISTIAN, Zur Weltmacht verdammt. Die amerikanische Außenpolitik von J. F. Kennedy bis G. W. Bush, München ²2002.

HAFTENDORN, HELGA/SCHISSLER, JAKOB (Hg.): Rekonstruktion amerikanischer Stärke. Sicherheits- und Rüstungskontrollpolitik der USA während der Reagan-Administration, Berlin 1988.

JUNKER, DETLEF, Kampf um die Weltmacht. Die USA und das Dritte Reich 1933–1945, Düsseldorf 1988.

JUNKER, DETLEF, Der unteilbare Weltmarkt. Das ökonomische Interesse in der Außenpolitik der USA 1933–1941, Stuttgart 1975.

JUNKER, DETLEF, in Verbindung mit Philipp Gassert, Wilfried Mausbach und David B. Morris (Hg.), Die USA und Deutschland im Zeitalter des Kalten Krieges 1945–1990, Bd. 1, 1945–1968, Bd. 2,
1968–2000, Stuttgart ²2001.

KAISER, KARL/SCHWARZ, HANS-PETER (Hg.), Die neue Weltpolitik,
Baden-Baden 1995.

KAGAN, ROBERT, Macht und Ohnmacht. Amerika und Europa in der
neuen Weltordnung, Berlin 2002.

KENNEDY, PAUL, Aufstieg und Fall der großen Mächte. Ökonomischer Wandel und militärischer Konflikt von 1500 bis 2000, Frank-
furt/M. 1991

KISSINGER, HENRY A., Die Vernunft der Nationen. Über das Wesen
der amerikanischen Außenpolitik, Berlin 1994.

KRAKAU, KNUD, Missionsbewusstsein und Völkerrechtsdoktrin in
den Vereinigten Staaten von Amerika, Frankfurt/Berlin 1967.

LINK, WERNER, Die amerikanische Stabilisierungspolitik in Deutschland 1921-1932, Düsseldorf 1970.

LOTH, WILFRIED, Die Teilung der Welt. Geschichte des Kalten Krieges 1941–1955, München ²2000.

MÜNKLER, HERFRIED, Die neuen Kriege, Hamburg 2002.

RUDOLF, DIETER/WILZEWSKI, JÜRGEN, Weltmacht ohne Gegner.
Amerikanische Außenpolitik zu Beginn des 21. Jahrhunderts, Baden-Baden 2000.

RUPIEPER, HERMANN-JOSEF, Der besetzte Verbündete. Die amerikanische Deutschlandpolitik 1949–1955, Opladen 1991.

SCHRÖDER, HANS-JÜRGEN, Deutschland und die Vereinigten Staaten 1933–1939. Wirtschaft und Politik in der Entwicklung des
deutsch-amerikanischen Gegensatzes, Wiesbaden 1970.

SCHWABE, KLAUS, Der amerikanische Isolationismus im 20. Jahrhundert. Legende und Wirklichkeit, Wiesbaden 1975.

SCHWABE, KLAUS, Deutsche Revolution und Wilson-Frieden,
Düsseldorf 1971.

SPILLMANN, KURT R., Amerikas Ideologie des Friedens. Ursprünge,
Formwandlungen und geschichtliche Auswirkungen des amerikanischen Glaubens an den Mythos von einer friedlichen Weltordnung, Bern et. al. 1984.

TROMMLER, FRANK (Hg.), Amerika und die Deutschen. Bestands-
aufnahme einer 300jährigen Geschichte, Opladen 1986.

WEHLER, HANS-ULRICH, Grundzüge der amerikanischen Außenpolitik 1750–1900, Frankfurt/M. 1984.

WOODWARD, BOB, Bush at War. Amerika im Krieg, Stuttgart/
München 2003.

Personenregister

Sachregister

191